여론다움

여론다운 조사 여론답게 보도

여론다움

여론다운 조사 여론답게 보도

초판 1쇄 발행 ┃ 2024년 2월 23일

지은이 ┃ 신창운
펴낸이 ┃ 이재호
책임편집 ┃ 이필태

펴낸곳 ┃ 리북(LeeBook)
등 록 ┃ 1995년 12월 21일 제2014-000050호
주 소 ┃ 경기도 파주시 회동길 50, 4층(문발동)
전 화 ┃ 031-955-6435
팩 스 ┃ 031-955-6437
홈페이지 ┃ www.leebook.com

정 가 ┃ 15,000원

ISBN ┃ 978-89-97496-73-0

여론다움

여론다운 조사 여론답게 보도

신 창 운 지음

리북

※ 이 책은 방일영문화재단의 지원을 받아 저술 출판되었습니다.

22대 총선의 해가 밝았다. 새해 초부터 여론조사가 봇물처럼 쏟아지고 있다. 신뢰도에 의문을 표시하면서 그걸 어떻게 믿느냐고 반문하던 사람들조차 조사 결과를 통해 총선 판세를 가늠하느라 분주하다. 여론조사를 대체할 만한 자료가 없기 때문이다.

이처럼 예민하고 엄중한 시기에 어떻게 보면 한가하게 느껴질 변변치 못한 책을 추가하게 됐다. 앞서 냈던 세 권의 저서 《여론을 읽어야 승리한다》, 《여론조사 저널리즘》, 《위기의 여론조사》와 비슷한 형식이다. 다만 오랜 기간 화두로 삼았던 '여론다움'이란 단어에 약간의 생명력을 불어넣는 작업을 가미한 정도다.

본문에서 언급하고 있지만, 여론다움은 '여론다운 조사를 여론답게 보도하자'는 취지를 담고 있다. 생소한 조어造語라 어떻게 받아들일지 궁금하다. 생성형 AI ChatGPT조차 부정적인 의미로 받아들이곤 했다. 형편없이 조사했음에도 불구하고 마치 제대로 된 여론인 것처럼 보이도록 하는 것으로 말이다.

은퇴 이후 다시 책을 쓰는 일이 없을 것으로 생각했다. 후배

들에게 들려줄 얘기도 소진됐고, 새로운 재료를 만들어낼 형편도 아니었기 때문이다. 그럼에도 출판에 이르게 된 건 현경보 한국여론평판연구소 대표의 권유 덕분이다. 회사에 나와 함께 일하자는 제안을 받았고, 연구소가 운영해 왔던 여론 평판 전문 인터넷 신문 '퍼블릭 오피니언'에 2023년 초부터 1년여 동안 기사를 게재하면서 제법 콘텐츠를 모을 수 있었다. 이 자리를 빌려 심심한 감사를 드린다.

여론조사를 평생의 관심사이자 생업으로 삼을 수 있었던 건 전적으로 고 박무익 한국갤럽조사연구소 회장 덕이다. 여전히 부족한 글들을 끄적거리고 있지만, 생전에 그랬듯이 따뜻한 격려를 보내주실 것으로 믿는다. 여러 교수들과 지인들이 페이스북 친구로 자주 좋아요를 눌러주고 있어 힘과 용기를 얻고 있다. 특히 K, L 등에게 감사드린다.

늘 힘이 되어 주는 아내와 우리 가족에게 고맙다는 인사를 하고 싶다. 하늘에서 조만간 내려올 우리 천사에게도. 다시 출판을 맡아준 리북 이재호 사장에게 고개 숙여 감사드린다. 끝으로 출판을 지원해 준 방일영문화재단에 감사 말씀을 드린다.

2024년 1월
신 창 운

차례

제3장 여론조사_ 이례적 여론조사의 당연한 결과

제4장 여론조사 보도_ 심심하고 지루한 여론조사 '반전'은 없다

제5장 결과 해석 및 기타_ 행간 사이 숨어 있는 민심을 찾아라

제 1 장

여론다운 조사
여론답게 보도

여론다움:
여론다운 조사 여론답게 보도

여론조사는 조사방법의 기본 원칙에 충실하면서 각종 오차를 최소화하는 방향으로 실시되어야 한다. 이렇게 생산된 조사 결과는 보도 준칙에 입각해 불필요한 오해 소지가 없도록 독자에게 전달되어야 한다. 또한 조사를 통해 만들어진 여론은 여러 문제점과 한계를 내포하고 있기 때문에 소극적이거나 제한적으로 해석, 활용되어야 한다.

그러나 현재 우리가 접하고 있는 여론조사와 이에 대한 보도는 불행히도 이러한 기본적 원칙에 미달하는 경우가 적지 않다. 여론답지 못한, 즉 여론다운 조사를 여론답게 보도하는 경우를 찾아보기가 점점 어려워지고 있다.

'여론다움'이란 비록 현실에서 존재하지 않지만 우리가 근본적으로 추구해야 할 이념형적 개념이다. 여론의 생산, 유통, 수용 및 활용 단계에 이르기까지 여론이 여론다워야 한다는 의미를 내포하고 있다. 추상적이긴 하지만 여론다운 조사를 만들어 여론답게 보도하자는 것이다.

여론다움에 다가가기 위한 기본적 전제는 두 가지다.

첫째, 조사의 기본으로 돌아가야 한다. 여론다운 조사를 여론답게 보도한다는 것이 과연 어떤 의미를 가지고 있는지에 대해 명확한 인식과 합의가 이루어져야 한다.

둘째, 그런 바탕 위에서 새롭게 변화하고 있는 환경과 현실에 적합한 조사 및 보도방식모델을 적극적으로 탐색 제시해야 한다.

현실에서 모두가 인정하고 합의할 수 있는 단일의 여론다움 개념을 만드는 건 불가능에 가깝다. 최종적인 모습 역시 명확히 규정하기가 어렵다. 축적된 지식과 경험에 입각하고 있으나 상당 부분 주관적일 수밖에 없고 또 가설적 형태를 띠고 있는 것도 사실이다. 여론조사 및 보도 관련 10개 요소를 통해 여론이 여론다워지는, 즉 여론다움에 다가갈 수 있으리라고 본다.

여론다움을 위한 10개 요소

1. 유기농 빅데이터로 디자인 데이터 보완

질문과 표본추출 등 여론조사 전 과정은 사전 디자인설계을 기본으로 하고 있다. 너무 짜여져 있고 그래서 폐쇄적이고 유연성이 부족하다는 지적과 비판에도 불구하고 말이다. 디자인 데이터의 문제점과 한계가 꾸준히 누적되면서 새로운 대안을 모색해야 한다는 경고 역시 무뎌진 느낌이다.

가공되지 않은 자연 그대로의 데이터, 소위 빅데이터에 대한 높은 관심과 활용 시도는 디자인 데이터에 대한 경고 혹은 반발로 볼 수 있다. 어떤 방식이나 형태로든 기존 디자인 데이터를 디자인되어 있지 않은, 즉 유기농 데이터로 보완해야 여론다움에 다가갈 수 있으리라 생각한다.

2. 질적 분석에 상당한 공간과 기회 제공

양적 분석과 질적 분석 둘 다 중요하지만, 지금까지의 여론조사는 양적 분석에 치우친 측면이 없지 않다. 그만큼 문제점과 한계가 도드라질 수밖에 없었다. 표본의 대표성 대신 심층적 이해에 기반하고 있는 질적 분석은 상대적으로 미지의 영역에 가까웠다.

얼마나 기여할 수 있을지 모르겠지만, 여론다운 조사로 나아가는데 있어서 질적 분석이 어느 정도 혹은 상당한 가능성을 발휘할 수 있을지 탐색할 필요가 있다. 여론답게 보도하기 위해서도 질적 분석에 상당한 공간과 기회를 제공해야 할 것이다.

3. 실사Fieldwork의 중요성 강조

여론조사는 질문과 표본추출이란 두 가지 추론에 대한 학습과 이해가 기본적으로 선행되어야 한다. 그러나 그것으로 충분한 건 아니다. 실제 현장에서 어떻게 자료가 수집되고 있는지 그 과정모습을 세밀하게 살펴야 한다. 문제는 이에 대한 관심과 연구가 절대적으로 부족했다는 점이다. 게다가 조사 환경 변화로 인해 더 이상 그런 과정을 살펴볼 수 없는, 즉 생략될 수밖에 없는 자료수집방법이 점차 늘어나고 있다는 사실이다.

소위 실사Fieldwork 단계에서 벌어지고 있는 일을 제대로 알지 못하면 여론다움은 그 실체가 사라지고 허울만 남게 될 것이다. 여론이 여론답기 위해 특별히 강조되어야 할 영역이 실사라는 점을 인식해야 한다.

4. 새로운 조사방법 적극적 모색 및 시도

전통적인 조사방법은 한 세기에 가까운 역사를 자랑한다. 여론을 제대로 파악하기 위한 수많은 도구와 방법들이 만들어졌고 이에 대한 개선과 발전이 이루어졌다. 그럼에도 불구하고 여론조사로 만들어진 여론에 대한 신뢰가 하향 곡선을 벗어나지 못하고 있다. 문제는 반전의 기미를 찾아볼 수 없다는 것이다.

전통적 조사방법에 대해 전반적인 점검과 유효성 평가가 필요하다는 얘기다. 새로운 방법을 적극적으로 모색하거나 시도할 필요가 있다. 과거의 지혜를 소홀히 하거나 무시하자는 것이 아니다. 현재 및 미래 상황과 추세에 대비할 필요가 있음을 강조하고 싶다.

5. 학술적 및 저널리즘 관점의 조화와 균형

여론조사에 대한 관점은 두 가지로 구분할 수 있다. 명백히 대비되는 두 관점은 끊임없이 충돌하면서 갈등을 빚어 왔다. 학술적 관점과 저널리즘적 관점은 자신의 시각을 일방적으로 고집하거나 주장하는 동시에 상대방을 외면하거나 무시하는 방식으로 여론다움으로부터 멀어지는 경우가 훨씬 많았다.

학술적 관점과 저널리즘적 관점의 조화와 균형은 여론다움에 필수적이다. 이론적 추상성을 너무 강조하거나 실용적 구체성에만 매몰되어선 여론다움으로 조금도 나아갈 수 없을 것이란 인식이 필요하다. 그러나 학술적 관점과 저널리즘 관점의 조화 및 균형은 명백한 당위성에도 불구하고 실행 가능성이 대단히 희박하다고 판단한다. 지금까지도 그랬지만 앞으로도 말이다.

6. 여론조사 보도에 있어서 기름기 제거

여론답지 못한 보도가 횡행하고 있는 건 상반된 모순 두 가지 때문이다. 반드시 필요하지도 않은 내용을 굳이 보도에 포함해 방송 시간이나 신문 지면을 낭비하는 경우 그리고 반드시 필요하거나 중요한 사실을 보도에 포함하지 않는 경우가 그것이다.

가령, 여론조사 보도 시 반드시 포함해야 할 조사 개요는 과감히 빼거나 선거여론조사심의위 홈페이지를 통해 확인하는 방식을 취해도 무방하다. 여론조사 수치 보도와 관련한 기름기 역시 제거해야 한다. 소수점 이하 첫째 자리까지의 수치를 사사오입으로 바꾸었듯이 오차범위까지 고려한 보도로 과감히 나아가야 한다.

7. 여론조사 보도에 대한 검증과 선별 강화

지금까지의 여론조사에 대한 비판과 규제, 검증은 생산 쪽에 집중되어 왔다. 이에 비해 일반 대중에게 여론조사 결과를 전달하는 보도 쪽은 상대적으로 소홀했던 측면이 없지 않다. 여론다움에 대한 일반의 인식을 좌우하는데 있어서 더 큰 영향력을 제공하고 있음에도 불구하고 말이다.

여론조사 보도에 대한 철저한 모니터링과 선별 작업이 필요하다. 언론의 자정 노력이 미흡할 경우 외부 기관을 통해서라도 기왕에 만들어진 보도준칙의 엄격한 적용이 이루어져야 한다. 확실한 제재는 물론 최소한의 경고를 통해 여론조사 보도 악화가 양화를 구축하는 사태를 최소화해야 한다.

8. 선거 결과 예측을 포함해 보도 제한 및 규제 완화

매일 같이 쏟아지고 있는 여론조사 결과가 너무 많다고 하지만, 정작 다양한 분석과 연구에 기반한 보도가 많은 건 아니다. 대통령 및 정당 지지율 등 단순 수치가 여기저기서 많이 등장하고 있을 뿐 추가적 분석을 통해 또 다른 지지율이 보도되는 경우는 희귀하다.

당장은 보도 관련 제한이나 규제를 완화해야 한다. 나아가 추가적인 분석을 유도하거나 장려하는 조치가 있어야 할 것이다. 연구자나 언론의 보다 적극적인 관심이 필요하다. 선거 결과 전망의 경우에도 나름의 방법론적 분석과 연구를 통해 D-7일 조사 결과에 기반한 예측이 이루어져야 한다.

9. 여론에 대한 비판적 시각

여론다움을 위해선 객관적 상황과 주관적 실체를 교차시켜야 한다. 아무리 애를 써도 감당할 수 없는 것에 대해선 순순히 인정하는 겸손함, 노력하기만 하면 얼마든지 대안을 마련할 수 있을 것이란 자신감과 용기 그리고 이 둘 사이의 차이를 아는 지혜가 필요하다.

여론다움은 여론에 대한 비판적 시각을 강조한다. 현재 우리가 접하는 여론조사에 대해 회의적 입장을 견지해야 한다. 여론조사의 현재와 미래에 대해 비관만 하자는 게 아니다. 우리가 어떻게 하느냐에 따라 얼마든지 낙관적 전망과 미래가 가능하다.

10. 정부 지원 연구기관 혹은 비영리 조사연구기관 설립

여론조사 및 보도와 관련한 연구개발의 중요성은 아무리 강조해도 지나치지 않지만 턱없이 부족한 것이 현실이다. 앞으로 나아질 가능성도 별로 없다. 여론조사를 둘러싼 특정 이해관계자만의 노력으론 여론다움에 다가가기 어려운 상황이다.

정부 및 민간 차원에서 연구기관 설립이 필요하다고 생각한다. 중앙선거관리위원회 산하 선거여론조사심의위와 동급 수준의 연구기관을 만들면 좋을 거 같다. 민간의 경우 기업 혹은 조사기관 후원을 통해 미국의 퓨리서치센터와 같은 비영리 조사연구기관을 설립하는 방법이 있을 것이다.

제 **2** 장

여론다움
한국 여론조사에 대한 낙관적 회의론

누가 선거여론조사 응답자인가

현재의 선거여론조사에서 가장 논란이 되고 있는 문제 중 하나가 무응답률 증가다. 비접촉과 거절이 뒤섞여 10% 미만 응답률이 보편적 추세가 되고 있다. 상황이 점점 악화될 것이란 전망이다. 높은 무응답률은 선거여론조사 예측의 신뢰성과 정확성을 위협하는 결정적 요인이기도 하다.

90%를 오르내리는 무응답률 반대편엔 한정된 무리의 응답자들이 존재한다. 과연 그들이 누구인지 규명하고자 한 시도가 있다. 성균관대 서베이리서치센터 김지범 교수와 김솔이 박사, 한국갤럽 장덕현 부장이 2023년 12월 8일 한국조사연구학회 추계학술대회에서 발표한 〈누가 선거여론조사 참여자인가〉라는 논문을 통해서다.

분석에 활용한 조사는 두 개다. 하나는 한국갤럽 데일리 오피니언으로 2023년 7월부터 10월까지 무선전화 가상번호를 활용해 총 275,213개 번호에 통화를 시도한 결과, 또 하나는 2023년 6~10월 한국종합사회조사KGSS 응답 데이터 1,230명 결과다. 주요 결과는 세 가지로 요약할 수 있다.

첫째, 공유 자원, 즉 응답자 풀Pool이 고갈되고 있다는 것이다. 10% 안팎의 한정된 조사 대상자들이 무수히 많은 여론조사 요청에 지치고 피로감이 누적돼 곧 다가올 총선에서 초토화될 위기에 처해 있다고 진단했다.

조사원 면접, 3일간 5회 이상 접촉을 기준으로 할 경우 실제 조사 성공률은 5%에 불과하다고 한다. 선거여론조사에 참여할 의향이 있다는 응답이 국민 4명 중 1명꼴24%로 나타났지만, 응답자 대상 조사 및 사회적 바람직성Social Desirability에 의해 과장된 수치라고 봤다.

무응답률 증가를 공유 자원 고갈 측면에서 바라보고 있는 자료에 대해선 Public Opinion Quarterly 831, 2019:280~288쪽에 나와 있는 〈응답자들은 어디로 갔을까? 우리가 모두 삼켰을지도 모른다〉Where Have the Respondents Gone? Perhaps We Ate Them All라는 논문을 참고하기 바란다.

둘째, 선거여론조사 참여자 중 상대적 다수는 남성, 고연령, 정치 관심층이다. 성별, 연령별, 정치적 관심에 따라 조사 응답률에 차이가 있다. 비수신 또는 거절자를 대상으로 반복 접촉을 시도하고 있지만, 여성과 저연령대의 냉담한 반응을 극복하는데 어려움이 있다고 한다. 가령, 70대 이상 남성의 응답 성공률은 12.2%인데 반해, 30대 여성 성공률은 3.1%에 그쳤다.

셋째, 조사에 대한 참여 결정이 개인적 관심과 공감 성향에 기반하고 있다. 조사에 대한 즐거움이나 가치 인식을 통해서가 아니라 개인의 정치적 관심, 활동적인 성향, 타인의 부탁이나 제안을 거절하지 못하는 공감 성향이 주요 변수였다. 선거여론조사 다수가 극단적인 정치 성향으로의 편향 가능성을 내재하고 있다는 얘기다.

　공유 자원 유지 및 회복이라는 관점으로 대안을 모색하고 있는 세 명의 연구자가 내린 결론은 조사 참여 요인 탐색, 조사 시행의 최소화, 품질 기준 정립, 응답률 제고 연구, 편향 판단 기준이 되는 레퍼런스 조사 등이다.

단가 인상이 먼저일까,
품질 담보가 먼저일까

갈수록 저하하고 있는 조사 품질 제고를 위해 조사 단가 인상이 불가피하다는 주장이 제기됐다. 케이스탯리서치 김창영 전무와 김지연 대표가 2023년 12월 8일 한국조사연구학회 추계학술대회에서 발표한 〈조사 품질에 미치는 요인: 조사 외부요인과 비용을 중심으로〉라는 자료에서다.

발표자들은 조사 품질에 영향을 미치는 요인에 대한 학술적 설명과 실제 현장 간 괴리를 지적하고 있다. 총조사 오차 개념에 의거해 조사의 모든 단계에서 발생할 수밖에 없는 오차는 비용과 밀접한 관계가 있는데, 효율성을 중시하는 실제 조사 환경에선 품질 저하가 불가피하다고 전제하고 있다.

"기존의 조사 품질에 대한 논의가 조사자와 조사 대상의 상호관계에 초점을 맞추고 있는데 비해, 실제 현장에선 비용 대비 효율성을 원하는 고객과 예산 및 법적 제한을 강제하는 국가 등 외부 요인의 영향력이 더 결정적"이라고 언급했다. 표본추출과 질문지 작성보다 비용이 더 중요하다는 얘기다.

조사 프로젝트 수주를 위한 경쟁에서 조사 단가가 결정적이라는 건 아니다. 표본추출과 질문지 관련 조사설계디자인, 수행 능력 및 인프라, 조사 경험 및 업력 등이 함께 평가되고 있다. 특히 조사 기획 및 설계 등 핵심 단계는 숙련된 고급 인력이 담당해야 하며, 여기에 합당한 비용이 할당되어야 한다.

정량적 요소인 조사 단가는 최저가 입찰이 기본이다. 낙찰이 최우선이지만, 그다음엔 최저임금에 못 미치는 조사원 수당 등을 통해 최소 이윤을 확보해야 한다. 조사의 최전선에서 실사를 담당하는 조사원 통제의 어려움으로 인해 구조적으로 품질 저하가 나타날 수밖에 없다.

효율성을 중시하는 실제 현장이 모두 동일한 건 아니다. 정부 및 지방자치단체, 공공기관, 기업 등은 그래도 나은 편이다. 여의도 정치 현장에서 이루어지는 여론조사는 조사 단가가 절대적이다. 조사 품질은 안중에 없다.

최근 경험했던 사례다. 조사 관련 실비 혹은 최소한의 원가를 제시했더니 해당 금액의 70~80% 단가가 아니면 조사할 생각이 없다고 했다. 더 놀라운 건 그런 금액으로도 조사하겠다는 회사가 없지 않다는 거였다.

학회 발표장에서 어떤 교수가 한탄했다. "10년 전, 아니 20년 전에 했던 조사 단가 인상 논의가 여전히 반복되고 있다"고. 꼬집어서 언급하지 않았지만, 앞으로도 단가 인상이 쉽지 않을 것이란 전망이란 느낌이었다.

조사를 의뢰하는 고객 입장이나 목소리를 들을 수 없어 아쉬웠다. 조사 단가를 올리면 그에 상응하는 만큼 조사 품질이 나아질 것이란 확신이 있어야 하지 않을까 생각한다.

닭이 먼저냐 달걀이 먼저냐 논쟁과 비슷하게 되어 버렸지만, 조사 품질에 있어서 단가의 중요성이 확인된 것만으로도 다행이란 생각이다. 가장 저명한 조사방법론 전공 학자인 그로브스 R. Groves 교수가 진작 언급한 바 있다. "조사 비용이 전체 조사 과정에서 가장 근본적인 부분"이라고 말이다.

One Company, Multi Opinion

특정 조사기관이 동일 항목을 동일한 방식으로 실시한 여론조사에서 상이한 결과가 나오는 경우가 있다. 가령, 한국갤럽은 데일리 오피니언을 통해 매주, 엠브레인퍼블릭 등 주요 조사기관 4곳은 NBS전국지표조사를 통해 격주로 대통령 및 정당 지지율을 조사 발표하고 있지만, 이와 동시에 개별 고객 의뢰를 받아 동일 항목에 대한 여론조사를 실시하곤 한다.

한국갤럽이 가장 최근에 실시 발표한 데일리 오피니언 제568호2023년 12월 1주에 따르면, 국민의힘과 민주당 지지율은 각각 35%, 33%였다. 그러나 비슷한 시기에 국민일보 의뢰로 실시한 조사에선 국민의힘과 민주당 지지율이 각각 36%, 37%였다. 오차범위 이내의 격차이긴 하지만, 1% 오르내림이 예민한 상황에선 양당 지지율 역전 상황을 순순히 받아들이기가 어려울 것이다.

엠브레인+3개 조사기관: 민주당 27%, 국민의힘 34%

YTN-엠브레인: 민주당 36%, 국민의힘 25%

    NBS와 YTN-엠브레인퍼블릭 조사에서 나타난 정당 지지율 격차는 어떻게 받아들여야 할까. 알다시피 엠브레인퍼블릭은 케이스탯리서치, 코리아리서치, 한국리서치와 함께 NBS를 공동 운영하고 있는 조사기관이다. NBS 110호2023년 11월 4주에 의하면 국민의힘 34%, 민주당 27%로 국민의힘이 7%p 앞선 데 반해, YTN-엠브레인퍼블릭 조사에선 국민의힘 25%, 민주당 36%로 민주당이 11%p 앞선 것으로 나타났다.

    두 조사의 가장 결정적 차이점은 정당 지지율 질문 순서다. NBS는 2020년 7월 처음 시작 때부터 대통령 지지율을 먼저 묻고 그다음에 정당 지지율을 물었는 데 비해, 이번 YTN-엠브레인 조사는 정당 지지율을 맨 먼저 물었다. 참고로 최근 여론조사에선 조사방식과 무관하게 정당 지지율을 먼저 묻게 되면 민주당이 국민의힘보다 높게 나오는 경향이 있다.

    하나의 조사기관에서 나온 상이한 결과, 당연한 건가 아니면 이상한 건가. 상반된 시각이 존재할 수 있다고 본다. 조사방식이 다르면 상이한 결과가 나오는 것이 당연하다고 생각하는 사람들은 조사 의뢰자가 다르기 때문에 그들의 요구에 맞추다보면 다른 결과가 나오게 된다고 항변할 것이다.

    그러나 조사기관 나름의 이상적인 혹은 바람직한 방식이 정립되어 있다면 누가 의뢰하더라도 그들을 설득해 일관된 결과가 나올 수 있도록 해야 할 것이란 주장이 가능하다. 조사 의뢰자 맞춤형으로 휘둘리다 보면 두 가지 이상의 다른 결과를 감수해야 하는 상황이 벌어질 수도 있겠다.

특정 여론조사회사가 상이한 조사 결과를 내놓는 경우

'하나의 여론조사회사가 서로 다른 조사 결과를 내놓는 경우, 이를 어떻게 받아들여야 할까'라는 질문을 ChatGPT에게 물어봤다. 원론적인 답변에 그치고 있지만, 다음 12가지 사항을 점검하라고 조언하고 있다.

- 방법론 검토: 해당 회사가 사용한 여론조사방법론을 검토하라. 표본추출, 질문 표현 또는 데이터 수집 기술 차이가 서로 다른 결과를 도출할 수 있다. 각각의 여론조사에서 일관된 방법론이 적용되었는지 확인하시오.
- 표본 크기: 각 여론조사의 표본 크기를 비교 평가하시오. 표본 크기가 작을 경우 신뢰성이 낮은 결과를 얻을 수 있다. 표본 크기가 충분하고 조사 대상 인구를 대표하고 있는지 확인하기 바란다.
- 표본추출방식: 해당 회사가 사용한 표본추출방식을 검토하시오. 표본이 선택되는 방식에 차이가 있거나 표본추출프로세스에 편향이 있을 경우 결과의 정확성에 영향을 미칠 수 있다.
- 시간 경과에 따른 변경사항: 시간 경과에 따라 여론조사방법에 어떤 변경 사항이 있는지 확인하시오. 방법을 업데이트할 경우 조사 결과에 영향을 미칠 수 있다. 중요한 변경

사항이 있을 경우 비교 가능성에 미치는 영향도 고려해야 한다.

- 오차 범위: 각 여론조사와 관련된 오차 범위를 고려해야 한다. 여론조사 결과는 절대적이지 않으며 내재적 불확실성을 가지고 있다. 오차 범위를 이해하면 실제 값이 위치할 가능성이 있는 범위를 해석하는 데 도움이 된다.
- 인구통계학적 분석: 여론조사 데이터에 대한 인구통계학적 분석을 감안해야 한다. 하위 집단 간 결과 차이에 따라 전체 조사 결과가 어떻게 다른지에 대한 통찰을 제공할 수 있다.
- 외부 요인: 조사 결과에 영향을 줄 수 있는 외부 요인에 주의해야 한다. 현재의 사건이나 대중 의견 변화와 같은 외부 변수에 따라 여론조사가 영향을 받을 수 있다.
- 다른 조사와의 비교: 해당 여론조사회사의 결과를 다른 신뢰할 만한 여론조사기관의 결과와 비교하시오. 여러 여론조사에서 일관성이 있는 경우 결과에 대한 신뢰도가 높아질 수 있다.
- 역사적 정확성: 여론조사회사의 역사적 정확성을 평가해야 한다. 정확한 예측 경험 및 기록은 조사 결과에 대한 신뢰도를 높일 수 있으며, 부정확한 경험과 기록은 우려를 불러일으킬 수 있다.
- 전문가 상담: 여론조사방법론과 결과에 대한 보다 심층적인 분석을 제공할 수 있는 여론조사 및 통계 전문가와 의견을 교환하길 권한다. 전문가는 즉각적으로 알아챌 수 없는 미묘한 차이나 편향을 식별할 수도 있다.

- 문제의 본질: 특정 사안이나 문제는 여론조사를 통해 정확하게 측정하기가 더 어려울 수 있다. 복잡하거나 민감한 주제는 다양한 요인에 따라 다른 응답을 얻을 수 있기 때문이다.
- 투명성과 책임성: 여론조사회사의 투명성과 책임성을 평가하시오. 방법론, 표본추출 절차 및 기타 관련 세부 정보를 공개하는 회사는 조사 결과의 신뢰성에 기여할 수 있다.

결론적으로 여론조사회사가 서로 다른 결과를 내놓을 경우 방법론, 표본 크기, 인구통계학적 분석, 역사적 정확성 및 외부 요인에 대한 철저한 분석이 필요하다. 전문가와 상담하고 다른 여론조사와 결과를 비교할 경우 상황에 대한 보다 포괄적인 이해를 얻을 수 있을 것이다.

여론과 다른 공론,
어떻게 볼 것인가

2024년 4월 국회의원 선거를 앞두고 현행 선거구제 개편에 대한 논의가 활발하다. 국회 정치개혁특별위원회정개특위를 중심으로 말이다. 그런데 선거제도 사안별로 관련 정보를 충분히 제공받은 시민들이 전문가 질의응답과 토론 등 숙의 과정을 거쳐 응답한 공론조사 결과가 일반 여론과 확연한 차이를 보여주고 있다.

특히 국회의원 정수 확대에 대한 견해가 그렇다. 한국갤럽이 2023년 3월 21~23일 실시한 일반 국민 여론조사에 따르면, '줄여야 한다'는 의견이 57%로 '현행 유지'30%와 '늘려야 한다'9%는 견해보다 훨씬 높았다. 반면 정개특위가 한국리서치에 의뢰해 지난 5월 6일과 13일 두 차례 실시한 공론조사에 의하면, 의원 정수 확대는 13%에서 33%로 늘어난 반면, 축소 의견은 65%에서 37%로 줄었다.

다른 현안과 마찬가지로 정치권은 자신들의 이해에 기반해 공론조사 결과를 평가하고 있다. 문재인 정부 때의 신고리 원전 공사 재개, 대입제도 개편안 등에서도 그랬지만, 공론조사에 대한 긍정적 혹은 부정적 입장이 개별 현안에 따라 갈렸다. 조사 이전에 이미 정치화된 이슈였기 때문이었다. 이번 선거제도 개편 역시 마찬가지다.

학계에선 개별 이슈와 무관하게 대체로 긍정적이다. 숙의나 토론 등 다툼을 거쳐 현안에 대한 다양한 여론이 타협 조정될 필요가 있다고 본다. 합리적 공론을 국시로 삼아야 한다는 율곡의 주장을 인용하기도 한다. 나아가 대중이 공론장의 주체라면 정부는 공론의 수용자여야 한다는 입장을 소개하고 있다.

그렇다고 공론이 만능은 아니다. 상대적으로 무거운 문제였던 신고리 원전 공사 재개는 질문이 분명했기에 답을 찾기가 수월했지만, 대입제도 개편안은 워낙 문제가 어렵고 복잡해 해결책 마련이 쉽지 않았다. 공론화 과정이 생각을 정리하는데 도움이 됐지만, 숙의의 전제였을 뿐 결과가 아니었음을 입증한 셈이다.

명백하게 입장이 갈리는 정책적 이슈를 모두 공론화하는 것에 대해서도 고민이 필요하다. 질문 자체가 어려운 경우도 적지 않기 때문이다. 결국 숙의형 공론조사가 권장할 방법이긴 하지만 그 결과에 전적으로 의존해 결론을 내리는 건 경계할 필요가 있다. 여론과 공론 중 그저 자신에게 유리한 것만 찾아 헤매는 일도 없어야 할 것이다.

왜 우리는 선거여론조사를
그만둘 수 없을까

미국의 유명 여론조사기관 중 최근에도 대통령선거 예측에 실패한 경우가 적지 않다. 세 번이나 틀린 미국 갤럽, 오바마 당선과 재선을 정확히 맞췄지만 트럼프 승리 예측에 실패했던 파이브서티에이트FiveThirtyEight, 538.com이 그랬다. 그럼에도 선거여론조사가 멈출 줄 모르고 있다. 2024년 대선을 앞둔 지금도 그렇다.

낯뜨거운 성과에도 불구하고 한층 가속화하고 있는 여론조사의 매력을 어떻게 설명할 수 있을까. 잦은 오보에도 불구하고 다시 찾아보게 되는 일기예보에 비유하는 사람들이 있다. 유동적이고 때론 모순적일지라도 나름의 감각을 제공한다는 점에서 말이다.

여론조사와 여론조사에 기반한 예측이 항상 잘못된 건 아니다. 모호함이 넘쳐나는 분야에서 정밀 저널리즘, 즉 데이터에 기반해 정확성을 제공하고 싶은 저널리스트에게 특별한 매력을 제공하고 있다. 뉴스를 다루는 언론의 여론조사에 대한 관심은 당연할 뿐 아니라 자신들의 DNA에 깊이 새겨져 있는 것으로 보인다.

여론조사에 대한 깊은 애정

20세기 초 대규모 우편조사를 통해 대통령선거를 세 차례 정확히 예측했던 시사잡지 리터러리 다이제스트 사례를 모르는 사람은 없을 거다. 그들의 영광은 1938년에 마침표를 찍었다. 공화당 랜던 후보가 민주당 현직 대통령 루즈벨트를 상대로 승리할 것으로 예측했지만, 랜던은 단 2개 주에서 승리했을 뿐이었다.

여론조사에 대한 언론의 애정 공세가 여전히 계속되고 있다. CNN, 이코노미스트, 폭스뉴스, NBC, 뉴욕타임스, 월스트리트저널, 워싱턴포스트, 야후뉴스 등이 실시하는 여론조사 결과가 많은 유권자들에게 공유되고 있으며, 선거에 대한 일반의 인식에 큰 영향을 미치고 있다.

실제로 2020년 대선을 앞두고 CNN과 NBC, 월스트리트저널이 공동으로 실시한 여론조사에선 조 바이든이 도널드 트럼프를 두 자릿수 차이로 앞서는 것으로 나타나 압승에 대한 기대를 부추겼다. 바이든은 4.5%p 차이로 당선됐다. 그러나 여론조사에 대한 애정이 차갑게 식었던 대표적 사례는 2016년 힐러리 클린턴 대 도널드 트럼프 선거 때로 기억한다.

잊혀진 실패의 역사

　선거여론조사가 지속되는 또 다른 이유는 과거 실패에 대한 기억이 덧없이 잊혀지는 경향 때문이다. 여론조사와 저널리즘은 워낙 미래지향적이다. 우리의 경우 사반세기 동안 여섯 차례의 총선에서 매번 출구조사가 실패했음에도 불구하고 다시 내년 총선 출구조사가 기획되고 있다.

　2020년 미국 대선 때 여론조사가 얼마나 과장되었는지 연연하거나 기억하지 않는다. 2016년 선거 막판 트럼프에게 유리한 결정적 변화를 감지하지 못해 대규모 참사를 당했다는 점도 희미해졌다. 2012년 선거에선 미국 갤럽이 밋 롬니가 오바마에게 지속적으로 우위를 점하고 있다는 실수를 저지르기도 했다.

　잊혀진 실패의 역사는 과거에도 있었다. 아이젠하워가 승리했던 1952년, 레이건 후보가 카터 대통령을 이겼던 1980년, 그 이전엔 리터러리 다이제스트가 실패했던 1936년, 미국 갤럽이 실패했던 1948년이 포함되어야 하지만, 더욱 희미한 기억일 수밖에 없다.

　실패의 역사에도 불구하고 여론조사는 오랜 기간 미국 정치의 중심이었다. 기본적으로 유권자의 생각을 짐작할 수 있도록 하면서 선거 드라마의 극적 긴장감을 높이는 데 톡톡히 역할을 하고 있다. 게다가 여론조사 지지율은 선거 초기에 공화 민주 양당의 대통령 후보들을 걸러내는 중요한 기준이 되고 있다.

　미국의 2024년 대통령선거 캠페인은 이례적일 만큼 여론조사에 대한 관심이 고조되고 있다. 전직 대통령이 퇴임 후 다시 백악관에 복귀하고자 하는 시도는 1912년 루스벨트 이래 처음이다. 트럼프의 재선 출마 의지는 여론조사에서 촉발됐다. 공화당 후보 중 1위를 달리고 있을 뿐 아니라 바이든과의 대결에서 앞서고 있다는 사실 역시 여론조사에서 비롯된 것이다.

오류에도 불구하고 대안이 없다

선거여론조사 외에 다른 선택지가 있느냐는 질문에 별다른 응답 거리가 없다는 점도 중요하다. 한때 정치 저널리스트 사이에 광범위한 인터뷰, 즉 '발로 뛰어 혹은 발품을 팔아 취재하는' Shoe Leather 방식이 대안적 언론을 통해 시도된 적이 있다.

그런 방식을 옹호했던 워싱턴포스트 헤인즈 존슨이란 기자가 있었다. 여론조사가 현장 취재를 대신할 수 없다는 신념을 가진 그는 1980년 선거 몇 주 전 여러 시간 동안 인터뷰한 내용을 토대로 장문의 기사를 썼다. 그러곤 막판에 카터가 재선될 걸로 생각한다고 했지만, 레이건이 압도적 표차로 승리한 결과를 지켜봐야 했다.

더 나은 대안을 찾기 위한 노력과 시도는 계속될 것이다. 여론조사가 인기가 있고 친숙하지만 종종 오류가 나타날 수 있다는 사실을 늘 염두에 둬야 한다. 한때 파이브서티에이트에서 작가로 일했고, 지금은 가디언 US에서 데이터 편집자로 일하고 있는 모나 샬라비가 어떤 인터뷰에서 한 말이다. "여론조사는 예측을 위한 필수 요소예요. 그런데 늘 틀려요. 그래서 버려야 할까요. 그럼 다음 선거 예측을 어떻게 하죠."

* 《Lost in a Gallup: Polling Failure in U.S. Presidential Elections》의 저자인 조셉 캠벨W. Joseph Campbell 교수가 최근 이코노타임즈라는 매체에 기고한 글을 번역 정리한 것이다. 필자의 생각이 다소 포함되어 있으므로 더 자세한 내용은 원문을 참고하기 바란다.

"투표는 여론조사와 다르다",
진실 혹은 거짓?

    바이든 대통령이 대선을 1년 앞두고 실시된 각종 여론조사에서 트럼프 전 대통령에게 밀리고 있다. 그런 가운데 최근 주 단위 선거에서 민주당이 승리하면서 바이든 측이 반색했다고 한다. 특히 백악관 대변인이 선거에선 늘 의제가 중요한 역할을 했으며, 내년 선거에서도 여론조사와 다른 표심이 나타날 것이라고 말했다.

    투표는 여론조사와 다를까. 진실 여부를 판가름하기 위해선 우선 누가 언제 이런 말을 하는지부터 알아봐야 한다. 1위를 달리고 있는 후보가 속마음과 달리 자만하지 않겠다는 겸양의 표시로 사용하는 경우가 가끔 있지만, 현재의 여론조사에서 뒤지고 있는 쪽이 주로 이런 언급을 한다. 현재의 판세로는 바이든 대통령 측이 불리하다는 고백인 셈이다.

    여론조사 대신 국민만 보고 나아가겠다는 언급도 비슷한 맥락이다. 여론조사에 신경 쓰지 않겠다는 건 지금 시점에서만 그렇다는 거다. 일일 브리핑에서 백악관 대변인이 그랬다고 했다.

"대통령은 미국 국민을 위한 봉사에 집중할 것이다. 믿을 수 없을 정도로 인기 있는 의제를 가지고 있으며, 그것이 여론조사보다 선거에서 더 중요하다"고 말이다.

실제로 투표가 여론조사와 다를까, 아니면 비슷할까. 모든 여론조사가 오차범위를 가지고 있다는 점을 고려하면, 복잡한 논의가 불가피하고 결론에 이르기가 쉽지 않다. 단순하고 거칠게 말하면, 투표일 이전에 실시된 여론조사가 최종 결과와 일치하는 경우는 희귀하다. 비슷할 수 있지만, 대개 다르고 또, 다른 게 당연하다는 인식이 필요하다.

선거를 1년 앞둔 시점에서 실시된 여론조사가 투표일 결과를 정확히 예측할 수 있다는 건 그 자체로 대단한 능력이다. 여론의 변화 및 유동성을 감안하고 또 인정한다면 그런 일은 있을 수 없다. 1년 전 여론과 D-day 때의 여론이 동일할 것이란 가정을 받아들여야 하기 때문이다. 결국 "투표는 여론조사와 다르다"는 건 지극히 당연하고 그래서 뉴스 가치가 별로 없다.

그럼에도 실제로 투표 결과와 다른 여론조사를 꾸준히 실시 보도하는 이유는 뭘까. 현재의 판세 및 향후 추세를 파악하기 위한 명확한 목적을 가지고 있다. 게다가 현재 집중하고 있는 이슈의 타당성과 효과를 확인할 수 있고. 비록 백악관 대변인이 "투표는 중요하지만, 여론조사는 그렇지 않다"고 언급했지만, 대통령의 가치와 의제가 조만간 여론조사에 반영될 것이란 기대를 숨기지 않고 있다.

투표는 최종 결과물, 여론조사는 중간 단계 혹은 과정에 해당한다. 최종 투표 결과에서의 승리라는 결실은 미리 정해지거나 보장되는 게 아니다. 의제 설정을 포함해 치열하게 전개된 선거운동이 여론조사에 꾸준히 반영될 것이고, 그런 것들이 모여서 승리에 이르게 된다. 중간 결과물인 여론조사에서 앞서야 최종 결과물인 승리 가능성이 높아지는 것이다.

그래, 맞다. 현재의 여론조사를 놓고 일희일비할 필요는 없다. 동기부여 강사들의 말처럼, 지금 현재의 노력이 좋은 결실로 이어질 것인가 염려하지 않아도 된다. 열심히 하기만 하면 언젠가 성공한 위치에 이른 자신을 발견할 수 있을 것이다. 결국 "투표는 여론조사와 다르다"는 언급은 진실인 동시에 거짓인 셈이다.

한국 여론조사에 대한
낙관적 회의론

　소위 3대 선거가 끝날 때마다 여론조사에 대한 평가가 극단적으로 갈린다. 대통령선거 이후엔 출구조사를 포함한 여론조사가 환상적이었던 경우가 많았던 반면, 국회의원 선거 예측 실패 이후엔 여론조사에 대한 불신과 회의론이 높아지곤 했었다.

　그러나 평소 한국 여론조사에 대한 전반적 평가는 대체로 부정적이다. 심지어 '여론조사=여론조작'이라고 몰아붙이는 경우도 있다. 오늘 아침 신문을 보니 국회 정개특위가 실시한 공론조사가 편향적이란 주장이 실렸다. '의원 정수 축소'라는 당론에 반하는 결과가 나왔기 때문이다.

　자기 입맛이나 당론이 여론조사를 평가하는 기준이 될 순 없을 것이다. 때마침 한국 여론조사의 현 상황을 걱정하면서 바람직한 미래를 모색하고 있는 책 두 권이 거의 동시에 발간되었다.

《한국의 여론 조사, 실태와 한계 그리고 미래》

이갑윤, 이지호, 이현우, 푸른길, 2023.

서강대 이갑윤 명예 교수, 이지호 현대정치연구소 연구 교수, 이현우 정치외교학과 교수가 펴낸《한국의 여론 조사, 실태와 한계 그리고 미래》는 7개 장으로 구성되어 있지만, 세 부분으로 나누어 살펴볼 수 있다.

1~2장은 서론에 해당한다. 1장 '여론조사의 시대'에선 여론의 합리성 논의에서 출발해 여론조사의 과도한 영향력과 부정확성 문제 등을 다루고 있다. 2장 '여론조사 어떻게 하나'는 어떤 과정을 거쳐 여론조사가 진행되는지 그리고 각 단계에서 발생할 수 있는 오차를 설명하고 있다.

3~5장은 본론이다. 3장은 '설문 응답자들은 국민을 대표하는가'라는 제목으로 표본추출 혹은 표본의 대표성을 논의하고 있다. '설문의 설계는 타당한가'라는 4장과 '응답은 신뢰할 만한가'라는 5장은 질의응답 과정에서 나타나는 각종 이슈를 다루고 있다.

6~7장은 결론을 대신하는 부분이다. 6장은 '설문조사의 새로운 추세', 특히 웹 조사의 대표적 사례를 소개하고 있고, 7장 '토론'에선 낮은 협조율 및 응답률을 다루면서 설문의 표준화, 조사 양식의 쇄신, 조사 주체의 공공성 강화 등에 대한 토론으로 마무리하고 있다.

《여론조사, 모르면 말하지 마세요》

김헌태, 미다스북스, 2023.

김헌태 박사는 한때 여론조사 전문가로 활약했지만, 여론을 만들거나 바꾸는 현장에 직접 뛰어든 경험이 있다. 《분노한 대중의 사회》 등 여러 권의 저서를 가지고 있지만, 여론조사를 본격적으로 다룬 책은 《여론조사, 모르면 말하지 마세요》가 처음인 것으로 알고 있다.

조사전문가가 아닌 일반인이 여론조사에 대해 알아야 할 것들을 정리한 책이다. 필자 자신의 지식과 경험을 토대로 일반인들이 '자주 묻는 질문'에 응답하는 형식을 취하고 있다.

전체적으로 4부로 구성했다. '우리나라 여론조사 괜찮은가요?', '여론조사 진짜 아세요?', '여론조작 하려면 할 수 있지요', '전문가처럼 여론읽기' 등이다. 구체적으로 한국의 여론조사와 조사기관에 대한 얘기나 단골 시빗거리, 여론조사에 대한 토론이나 비판을 위해 꼭 알고 있어야 할 것, 여론조사가 실제로 편향되고 왜곡되는 과정이나 방법, 여론을 제대로 읽는 법, 즉 여론조사 리터러시 등을 담고 있다.

'낙관적 회의론자'의 한계와 문제점

'낙관적 회의론자'라는 용어는 《전문가의 정치적 판단》*Expert Political Judgment*, 《슈퍼 예측, 그들은 어떻게 미래를 보았는가》 등을 집필한 미래 예측 전문가 필립 테틀록 교수가 애용하고 있지만, 경제 금융 분야에서 주로 사용하고 있다. 즉 투자 시장이 너무 달아오를 때는 비관적 회의주의자가 되어야 하지만, 너무 얼어붙어 있을 때는 낙관적 회의주의자가 되어야 한다고 말이다.

이번에 발간된 두 권의 책은 공통점이 있다. 바로 한국 여론조사에 대해 낙관적이면서 동시에 회의론적 입장을 가지고 있다는 점이다. 여러 가지 문제점과 한계에도 불구하고 여론조사의 유용성과 활용 가능성을 적극적으로 모색하고 있다.

《한국의 여론 조사, 실태와 한계 그리고 미래》는 "여론조사의 유용성과 더불어 본질적 한계를 분명히 하고 여론조사 결과를 신중하게 활용할 수 있는 기회를 마련하는데 도움이 되기를 바란다"고 언급하고 있다. 《여론조사, 모르면 말하지 마세요》 역시 저자가 소개 설명하는 지식이나 정보를 알고 나서 여론조사에 대한 시시비비를 시작했으면 좋겠다고 말했다.

이번에 발간된 두 권의 책과 유사한 저술을 준비하고 있기 때문에 남다른 감회가 있다. 필자가 생각하고 있던 내용을 대부분 담고 있거나 더 나은 콘텐츠를 포함하고 있기 때문에 할 수만 있다면 집필을 포기하고 싶지만, 여건이 허락하지 않아 아쉬울 뿐이다. 지극히 개인적인 의견 두 가지만 전달하고자 한다.

가독성 높이고 새로운 조사방법 추가해야

첫째, 과연 어떤 사람들이 이 책을 읽을 것인지 생각해 봤다. 두 권 모두 정치에 관심 있는 일반인을 독자로 상정하고 있고, 《한국의 여론 조사, 실태와 한계 그리고 미래》는 사회과학 전공

학부생과 대학원생을 타깃으로 추가하고 있다. 그러나 낙관적 회의론자들이 낙관할 만큼 일반인들이 두 권의 책을 읽을 가능성이 얼마나 있을지 회의적이다.

일반 국민들이 자신의 견해나 주장을 피력하고 또 전문가와 토론 비판하기 위해 관련 전문서적을 읽는 경우가 얼마나 있을까.《모두 거짓말을 한다》라는 빅데이터 관련 책을 보면, 사회과학 서적은 읽는 사람 자체가 많지 않고, 베스트셀러 소설과 달리 끝까지 완독하는 경우도 거의 없다고 한다.

둘째, 낙관적 회의론을 뒷받침할 최근 지식과 정보가 충분히 포함되지 못했다는 느낌이다.《한국의 여론 조사, 실태와 한계 그리고 미래》6~7장에 관련 내용이 다소 포함되어 있지만, 한국 여론조사의 미래에 대해 낙관적 시각을 가지기 위해선 새로운 조사방법과 관련 토론이 추가될 필요가 있다.

과문한 탓일 수 있지만, 지금 우리나라 대학에서 가장 많이 채택되고 있는 사회조사방법론 교재는 1975년에 초판이 발간된 《사회조사방법론》*The Practice of Social Research*으로 알고 있다. 오랜 전통과 역사를 무시해선 안 되겠지만, 새로운 조사방법론에 대한 갈증과 갈망이 절실한 시점이다. 가령, 2020년에 발간된 《비트 바이 비트: 디지털 시대의 사회조사방법론》등을 적절히 보완해야 낙관적 시각이 당위성을 가질 수 있다고 생각한다.

비확률 표집, "미안하다"

여론조사의 역사는 표본추출 및 선거 예측 실패의 역사다. 1936년 미국 대선에서 공화당 랜던 후보가 민주당 루즈벨트 후보를 이길 거라고 리터러리 다이제스트가 그리고 1948년 공화당 듀이 후보가 민주당 트루먼 후보를 물리칠 것이라고 갤럽이 잘못 예측한 건 모두 비확률적 방식에 의한 표본추출 때문이었다.

'1노 3김'이 대결했던 1987년 한국 대선에서 김영삼 김대중 두 후보가 패배한 데엔 여러 가지 이유가 있지만, 조사방법 측면에서 표본의 대표성을 무시했던 측면도 있다. 2010년 지방선거 때 광역단체장 당선자 예측 실패 역시 비확률적 표집이 주요 원인 중 하나였다.

조사방법 전공자들은 워낙 비확률적 표집에 대한 회의적 시각으로 출발한다. 비확률적 표본추출에 기반한 예측 실패 역사를 통해 일종의 트라우마가 생긴 셈이다. 그 결과 확률적 표본추출에 대해 지나치게 집착하는 부작용이 나타나는데 반해, 다른 한편으로 비확률적 표집, 즉 응답자 선정 과정에서 엄격한 확률에 기초하지 않을 경우 자료의 질은 물론 그로부터 배울 게 없다는 인식을 갖게 된다.

그러나 표본추출과 관련된 교훈을 단순하게 받아들여선 곤란하다. 실제로 확률적 표집은 여러 가지 난관에 빠져 있다. 이론적 가능성에 비해 실행이 어렵고 적지 않은 비용을 필요로 한다. 10%대 중반 언저리를 맴돌고 있는 응답률은 엄격한 확률적 표집을 민망하게 만들고 있는 중이다.

이에 반해 비확률적 표집 쪽에선 흥미로운 발전이 보고되고 있다. 적절한 추가 분석, 가령 사후층화Poststratification 등을 통해 정확한 추정치 산출이 가능했다는 연구가 적지 않다. 게다가 비확률적 표집은 더 쉽고 빠르며 더 저렴하고 점점 발전하고 있다. 조사 횟수를 늘릴 수 있고 표본 크기가 더 커지며, 사회적 맥락 및 하위 집단 특성도 쉽게 파악할 수 있다고 한다.

비확률적 표집에 대한 선입관과 오해에서 벗어나고 싶다. 비확률적 표집으로 전향하겠다는 건 아니지만, 본의 아니게 무시하거나 평가 절하했던 점을 반성하고 또 사과하고자 한다.

인터넷 조사에서 패널의 '책임감'

　패널 여론조사에 대한 부정적 인식을 간략하게 피력한 바 있다. 조사업계 역시 악화와 양화가 공존하고 있으므로 회사에 따라 차이가 있겠지만, 패널 여론조사 상당수가 응답 잘하는 '선수'와 알바를 대상으로 그저 수치 만들기에 그치고 있다고 지적했었다.

　그런데 다른 시각을 가진 분들이 있다. 일전에 소개했던 《한국의 여론 조사, 실태와 한계 그리고 미래》 저자들이다. 낮은 협조율 혹은 응답률로 인해 기존 여론조사의 무작위 표본 가치가 훼손되면서 '책임 있는 표본'Responsible Sample을 활용한 인터넷 패널 조사에 주목하고 있다고 했다.

　현재 우리가 알고 있는 여론조사는 부적절한 질문, 사회적 압박에 굴복한 응답자의 거짓 진술 등으로 인해 신뢰도 측면에서 적지 않은 하자를 보여주고 있다. 더 심각한 건 협조율의 지속적 감소로 인한 대표성 문제다. 무작위 표본을 통해 수집된 여론을 표방하지만, 실질적으론 국민 전반의 의견이 아니라 조사 협조자들의 생각과 태도를 보고하고 있을 뿐이다.

저자들은 미국 퓨리서치센터, 영국 유고브, 프랑스 입소스 등 선진국 온라인 조사 사례를 소개하면서 기존 여론조사의 신뢰 회복 가능성을 살펴보고 있다. 대표성 확보를 위한 사후층화, 패널에 대한 계약과 보상, 주기적인 패널 경신 및 교육 등을 통해 인터넷 조사 패널의 책임감이 남다르다는 점을 강조하고 있다.

선진국처럼 우리도 이미 '책임 있는 표본'을 활용한 사례가 있는지에 대해선 잘 모르겠다. 여론조사에 대한 여론조사를 살펴보면, 여론조사 신뢰도가 낮은 상태에서 패널 응답자들이 얼마나 책임감을 가지고 조사에 응할 것인지 회의적인 생각이 든다. 어떤 형태의 조사든 비슷할 테니 말이다.

그럼에도 불구하고 조사 환경 변화에 따른 적극적 대응과 투자 그리고 무작위 표본을 금과옥조처럼 여기는 태도에 대한 인식 전환이 필요하다고 본다. 선진국 연구에 한정되긴 하지만, 책임 있는 표본의 오류가 무작위 표본의 그것보다 크지 않을 것이라고 한다. 또 확률 패널에 기반한 인터넷 조사가 RDDRandom Digit Dialing 전화조사보다 더 정확할 수 있음을 시사하는 사례도 있다고 했다.

패널 여론조사와의 '헤어질 결심'

표본을 이용한 여론조사는 조사 때마다 응답자가 바뀐다. 그들의 태도나 행동 변화를 알아보는 데 한계가 있을 수밖에 없다. 그래서 동일 조사 대상자에게 같은 질문을 반복해서 물어보는 패널조사를 실시한다. 마케팅 쪽에서 출발했지만, 지금은 공공조사 및 여론조사 분야에서도 널리 활용되고 있다.

애초 취지와 달리 현재 실시되고 있는 패널 여론조사에 적지 않은 문제점이 나타나고 있다. 공공조사, 즉 정부 부처혹은 산하 연구기관에서 주관하는 패널조사가 일반 여론조사 통계를 위한 품질관리 체계에 따라 수행되고 있다는 거다. 조사대상, 표본설계, 표본관리 측면에서 패널조사의 기본적 특성이 명백히 반영되어야 함에도 불구하고 말이다.

20여 개에 달하는 공공 패널조사에 등록되어 있는 패널은 물론 서로 다른 조사 패널에게 묻는 질문마저 상당 부분 중복이 있다는 것도 문제다. 정부 부처혹은 산하 연구기관 패널조사에 대해선 추후 다시 논의할 기회를 마련할 생각이다.

당장의 '헤어질 결심'은 패널 여론조사 분야에 초점을 맞추어야 한다. 한국조사협회에 따르면, 현재 우리나라에선 글로벌리서치, 리서치앤리서치, 엠브레인, 케이스탯리서치, 한국리서치 등 여러 업체가 조금씩 상이한 명칭의 패널조사를 실시하고 있다.

일부 예외가 있긴 하지만, 패널 마모로 인한 대표성 훼손 보정은 고사하고 여론조사 통계를 수집하기 위한 품질관리마저 고려하지 않고 있는 것으로 보인다. 가령, 패널이라고 하기에도 민망한 일이 흔하다. 새로운 조사가 등록되면 얼마 안 되는 수당을 받기 위해 재빨리 응답하는 사람들로 표본이 채워진다. 확률적 표본설계와 무관한 자발적 응답자, 즉 어떤 질문이든 응답 잘하는 '선수' 혹은 응답 알바를 대상으로 한 조사 결과가 비일비재하다.

여론조사의 문제점과 한계가 심화되고 있다. 여러 대안 중 하나로 패널조사가 실시되어 왔지만, 이건 아니란 생각이다. 본격적 논의에 앞서 문제 제기만 했기에 물증이 적은 편이다. 향후 추가 자료와 분석을 통해 패널 여론조사와의 '헤어질 결심'에 대한 소견을 전달하고자 한다.

미국 공화당 승리 가능성과
주말 강수 확률

2022년 미국 중간선거가 끝났다. 하원과 달리 상원 선거에선 민주 공화 두 정당끼리 박빙이 펼쳐졌다. 공화당 승리를 기반으로 트럼프 전 대통령이 2024년 대선 출마 선언을 할 것이란 예상에 차질이 생겼다.

트럼프 전 대통령이 미국 정계를 움직일 인물로 다시 떠오르는 모습을 보면서 새삼 2016년 미국 대선이 생각난다. 2008년, 2012년 두 번의 대통령선거에서 오바마 승리를 정확히 예측했던 네이트 실버의 실패에 대해서도 말이다.

주지하다시피 2016년 미국 대선 때 실버는 민주당 힐러리 클린턴 후보 71%, 공화당 도널드 트럼프 후보 29%로 클린턴이 승리할 것으로 예측했다. 결과는 예상 밖으로 트럼프 승리였다. 미국은 물론 한국을 포함한 많은 국가에서 실버에 대한 비판과 비난이 쏟아졌다.

이에 대한 실버의 주장 혹은 변명은 2012년 출간된 그의 저서 《신호와 소음》개정판2021년 서문에 실려 있다. "우리는 영웅과 악당, 천재와 멍청이로 나누는 것을 좋아한다. 세상을 확률로 이루어진 회색 현실로 보지 않고 흑과 백으로 나누는 것을 아주 좋아한다", "우리 모델은 그 결과를 정확하게 예측하지 못했다. 그러나 우리 모델은 당락 자체를 '예측'하지 않는다. 확률로만 말할 뿐이다"

실버가 이끌고 있는 블로그 사이트 파이브서티에이트엔 2022년 미국 중간선거 예측 결과가 나와 있다. 하원84% 대 16%은 물론 상원59% 대 41%에서도 공화당이 승리할 확률이 높다고 했다. 여러분은 특히 상원 선거 예측치와 박빙이 펼쳐진 실제 투표 결과에 대해 어떻게 생각하는가. 실버가 2016년 대선에 이어 또 다시 실패했다고 보는가, 아니면 실버의 변명 아닌 변명에 동의하는가.

필자의 의견을 말하기 전에 주말 강수 확률에 대한 얘기를 해드리고 싶다. 기상청 홈페이지에 들어가 보면 일주일 혹은 열흘 이내 일자별 강수 확률 예측 결과가 나와 있다. 만약 이번 주말, 즉 토요일 강수 확률 30%를 어떻게 받아들이는가. 우산을 소지하고 외출할 건가, 아니면 그냥 외출할 건가.

강수 확률 30%란 토요일 강수 여부에 영향을 미칠 기상 조건들과 동일하거나 비슷한 조건을 가지고 있는 과거 100일 중 30일은 비가 내렸고 70일은 비가 내리지 않았다는 의미다. 비가 내리지 않을 가능성이 더 높지만, 내릴 가능성도 있다는 거다. 비가 내렸다고 해서 왜 기상청이 90~100%에 가까운 강수 확률을 내놓지 못 했느냐고 비난할 일이 아니란 거다.

결론은 생략해도 될 거 같다. 네이트 실버는 이번 중간선거

상원에서 공화당이 승리할 거라고 예측하지 않았다. 공화당 승리 확률 59%, 민주당 승리 확률 41%라고 했을 뿐이다. 마치 이번 주말 비가 내릴 확률이 60%일 경우, 비가 내릴 가능성이 더 높지만 내리지 않을 수도 있는 것처럼 말이다. 물론 강수 확률 60% 혹은 30%에 따라 우산 소지 여부가 달라질 순 있겠지만. 그게 무슨 예측이냐고 비아냥거리는 분이 있을지 모르겠다.

선거 예측 여론조사에 대한
실버의 조언

 평소에 실시 발표되고 있는 수많은 여론조사는 아무도 그 정확성을 장담하거나 담보할 수 없다. 조사 결과의 정확성을 확인하거나 보장할 길이 없기 때문이다. 그래서 여론조사라는 미명하에 아무나 아무렇게나 해도 뭐라 할 수가 없다. 심지어 자신의 조사가 더 정확하다고 혹은 정확할 것이라고 주장해도 말이다.

 그러나 선거가 실시되면 상황이 달라진다. 수많은 여론조사의 정확성을 검증해 볼 수 있기 때문이다. 어떤 여론조사기관이 상대적으로 더 나은 결과를 내놨는지 알아볼 기회가 제공된다. 학계의 연구 결과, 즉 각종 조사방법 및 기법의 발전 수준도 가늠해 볼 수 있다.

 선거 예측 여론조사와 관련해 미국의 네이트 실버를 소개한 적이 몇 번 있다. 개인적으로 실버를 좋아하는 이유 중 하나는 자신의 예측 실패를 솔직히 밝힐 뿐 아니라 그 원인을 비판적으로 분석 보완한다는 점 때문이다. 그가 이끌고 있는 블로그 사이트 파이브서티에이트 2023년 2월 2일자엔 지난해 11월 미국의 중간선거 예측 실패에 대한 실버의 원인 분석 기사가 실려 있다. '2022년 중간선거 예측을 수행했던 방식'How Our 2022 Midterm Forecasts Performed이란 제목으로 말이다.

기사 본문을 생략하는 대신 실버의 조언만 간략히 소개하고자 한다. 실버 자신의 예측 경험에 입각하고 있는데, 한국의 여론조사 전문가나 여론조사기관 그리고 정치 분야 평론가들이 잘못 판단할 만한 내용을 언급하고 있다.

첫째, 여론조사 편향은 예측하기 어렵다고 했다. 여론조사 결과와 실제 투표 결과 간 편향은 미국에서도 자주 일어난다고 한다. 때론 공화당 쪽으로, 어떤 때엔 민주당 쪽으로 말이다. 한국 역시 어떤 경우엔 여당, 또 다른 경우엔 야당 편향이 나타나 예측 실패로 귀결되곤 한다. 대통령선거와 지방선거에서 높은 정확성을 자랑하는 방송사 출구조사가 총선 때마다 빗나가는 이유이기도 하다.

둘째, 이와 관련해 이전 선거 경험이 무용할 수 있다고 했다. 추세외삽법, 즉 과거 주요 요인 및 추세들이 미래에도 지속적으로 영향을 미칠 것이란 가정이 유효한 건 사실이다. 그러나 그게 무엇이든 이전에 일어난 일이 재발할 것처럼 쉽게 말하는 건 위험하다. 특히 선거에서는 말이다. 실버 자신처럼 실수하는 일이 없기를 바란다고 했다.

셋째, 유력 여론조사기관 판단 역시 쉽지 않다고 했다. 저마다 자신들의 과거 예측 성적을 자랑하고 있지만, 예측 실패와 함께 평가되는 경우가 드물다고 한다. 미국만 하더라도 2020년에 가장 정확했던 조사기관이 2022년에 가장 부정확했다고 한다. 여론조사 역사를 살펴보면, 미국 갤럽과 해리스 등 많은 조사기관 역시 그랬다. 누가 예측을 잘하는지 알아보기 위해선 더 많은 선거 기회가 주어져야 한다. 미국도 그런데 한국은 더욱 더 그럴 것이다.

'신호' 대신 '소음'에
가까운 여론 본색

　네이트 실버는 2008년과 2012년 두 번의 미국 대통령선거를 정확히 예측한 경험을 토대로 《신호와 소음》이란 책을 썼다. 어떤 분야든 미래를 제대로 예측하기 위해선 수많은 관련 정보 중 신호에 가까운 걸 가려내야 한다는 메시지를 담고 있다.

　그런 그가 2016년 미국 대선 때 클린턴 승리 확률 71%, 트럼프 승리 확률 29%란 예측 결과를 내놨다. 수많은 사람들의 비판과 비난에도 불구하고 그는 실패라는 단어를 사용하지 않았다. 당선자를 예측한 게 아니라 두 후보의 승리 확률을 각각 제시했을 뿐이라고 했다.

　실버의 분석 및 예측 모델은 여론조사에 기반하고 있다. 통계적 처치를 통해 신호에 가까운 예측치를 만들어내는 것으로 알려졌다. 그랬던 여론조사가 더 이상 신호가 아니라 소음에 가까운 재료일지 모를 걱정스러운 일이 또다시 발생했다.

　11월 초 실시됐던 상하원 중간선거에서 공화당 승리 확률을 높게 제시했지만, 확률이 낮았던 민주당이 승리한 것으로 나타났다. 실버의 파이브서티에이트 역시 오류를 시인하고 있다."FiveThirtyEight regrets the error."

우리나라는 미국처럼 투표일 이전 여론조사에 기초해 선거 예측을 하는 경우가 거의 없다.방송사 출구조사 제외 여론조사의 신뢰성이나 정확성을 평가해 볼 기회가 아예 없는 셈이다. 그럼에도 수많은 여론조사가 꾸준히 실시 공표되고 있다. 조사 의뢰자나 조사기관, 언론사 모두 신호를 생산하고 있다는 착각에 빠져서 말이다.

어떻게 생각하는가. 한국의 여론조사는 신호와 소음 중 어느 쪽에 더 가까울까. 여론조사에 기초해 미래를 전망해도 괜찮을까.

가령, 집을 구매하거나 주식을 사야 한다는 조사 결과를 어떻게 받아들이는가. 금융투자소득세 시행 시기에 대한 응답을 믿어도 될까. 월드컵 16강 진출 가능성 전망 여론은 또 어떤가. 우리 국민 절반 이상이 '95% 신뢰수준에서 최대허용 오차범위 플러스마이너스 3.1%p' 의미에 대해 알고 있다는 응답을 믿어야 할까.

앨빈 토플러와 작별하라

여러 다른 분야의 전문가에게도 그렇지만, 특히 여론조사 전문가들에게 권하고 싶은 책이 있다. 댄 가드너라는 언론인이 쓴《앨빈 토플러와 작별하라》는 책이다. 원제는《Future Babble: Why Expert Predictions Fail - and Why We Believe Them Anyway》선거 예측은 물론 내일의 날씨부터 지구의 운명까지. 미래를 엿보고 싶어 하는 인간의 헛된 욕망을 낱낱이 해부하고 있다.

각 장의 제목들이 신랄하다. '선지자인가 비열한 점쟁이인가', '예측 불가능한 세상', '전문가의 머릿속 들여다보기', '우리를 기다리는 다양한 함정', '불확실함을 못 견디는 사람들', '부럽기 짝이 없는 자신감', '흔들림 없는 믿음' 등. 각 분야의 전문가라는 사람들이 일상적으로 행하는 미래 예측이 얼마나 어처구니 없는지 속속들이 보여주고 있다.

대통령 지지율이 커다란 관심사로 떠오르고 있다. 조사에 따라 조금씩 차이가 있지만 취임 100일도 안 된 윤석열 대통령 국정수행 지지율이 30% 이하로 떨어졌기 때문이다. 앞으로 더 떨어질 것인지, 아니면 임기 초반 지지율로 회복할 것인지에 대해서도 논란이 계속되고 있다. 이 분야의 전문가라면 누구나 자신의 견해를 밝히고 싶겠지만, 참으로 쉽지 않은 것이 미래 예측이라는 점을 말씀드리고 싶다.

한때 전문가 행세를 했던 사람으로써, 대통령 지지율과 관련해 잘못된 예측을 고백하고 또 반성하고자 한다. 지금으로부터 3년여 전 어떤 신문사 칼럼에서 다음과 같이 쓴 적이 있다. "대통령의 취임 초반 높은 지지율은 역대 대통령 모두에게서 나타난 현상이다. 임기 후반에는 문 대통령 역시 지지율 하락을 감수해야 할 것이다." 알다시피 취임 초반의 윤 대통령이 높은 지지율을 보여주지 못했고, 임기 후반의 문 전 대통령 지지율은 별로 하락하지 않았다.

《앨빈 토플러와 작별하라》에 이런 구절이 있다. "이승에서 미래를 예언하던 점쟁이들이 지옥에서 뒤쪽을 바라본 채 영원히 앞을 바라보지 못하는 상태로 살아야 하는 형벌을 받는다." 잘 모르면서 아는 척 했기 때문일 것이다. 한때 전문가 행세를 일삼았던 필자 역시 지옥에서 영원히 뒤쪽만 바라보는 형벌을 받아야 할 처지다. 작별은 좀 그렇지만, 소위 전문가라는 사람들 너무 믿지 않기를 권한다.

여론조사 전문가와 작별하라

　구소련의 붕괴, 유가 예측, Y2K, 코로나19 등 전문가들의 미래 예측이 얼마나 형편없이 빗나갔는지 고발 분석하고 있는 책이 있다. 댄 가드너란 언론인이 쓴 《앨빈 토플러와 작별하라》가 그것이다.

　TV, 라디오, 각종 방송과 유튜브 등엔 수많은 전문가 패널들이 정치 현안 및 여론 동향에 대한 분석과 전망을 내놓고 있다. 탁월한 전문가가 없는 건 아니지만, 적어도 여론조사와 관련해선 전문가답지 못한 전문가의 미덥지 못한 답변을 자주 접하게 된다.

　가령, 추석 민심 여론조사를 어떻게 보았는가, 국민의힘과 민주당 지지율이 엇갈려 헷갈리는데 왜 이런 결과가 나왔는가, 평소 여론조사 품질은 믿을 만한가, 언론의 여론조사 보도엔 어떤 문제가 있는가 등에 대해 불편부당하면서도 명쾌한 답변을 들어본 기억이 별로 없다.

　그렇다면 이제 여론조사 전문가와 작별할 시간이다. 대신 생성형 AI, 가령 구글 Bard나 OpenAI ChatGPT에게 물어보기 바란다. 굳이 패널을 섭외할 이유가 없고 출연료를 지급할 필요도 없다. 프로그램을 진행하는 앵커가 검색해서 시청자 및 청취자에게 답변을 들려주면 된다.

Bard의 실력이 궁금한가. 두 가지 질문에 대한 답변을 소개할 테니 한번 검토해 보기 바란다.일부 부정확한 내용이 포함되어 있기는 하다. 마지막에 있는 영문 질의응답은 두 번째 질문을 ChatGPT에게 물어본 결과다.

추석 민심 여론조사를 어떻게 보았는가

"추석 민심 여론조사 결과는 윤석열 대통령의 국정 수행에 대한 부정 평가가 긍정 평가를 앞지르고, 내년 총선에서 야당에 힘을 실어줘야 한다는 의견이 우세하다는 것으로 요약할 수 있습니다.

특히 윤석열 대통령의 국정 수행에 대한 부정 평가가 50%를 넘어섰는데, 이는 취임 후 처음으로 50%를 넘어선 수치입니다. 최근의 경제 상황 악화, 부동산 정책 실패, 인사 논란 등이 영향을 미친 것으로 분석됩니다.

또한 내년 총선에서 야당에 힘을 실어줘야 한다는 의견은 52%로 현 정부를 견제해야 한다는 여론이 우세한 것으로 나타났습니다. 이는 윤석열 정부의 국정 수행에 대한 부정적인 평가가 총선으로 이어질 가능성을 시사합니다.

추석 민심 여론조사 결과는 윤석열 정부에 있어 매우 부정적인 것으로 평가됩니다. 윤석열 정부는 최근의 경제 상황 악화와 부동산 정책 실패 등을 해소하기 위한 노력을 강화해야 할 것으로 보입니다. 또한 야당과의 협력을 통해 국정 운영에 대한 국민의 신뢰를 회복하기 위한 노력도 필요할 것으로 보입니다."

한국 언론의 여론조사 보도에 어떤 문제점이 있다고 보는가

"첫째, 오차범위를 무시하거나 왜곡하는 경우가 있습니다. 여론조사는 표본조사이기 때문에 오차범위가 존재합니다. 그러나 한국 언론은 오차범위를 무시하거나 왜곡하는 경우가 많습니다. 예를 들어 오차범위 내에서 두 후보가 지지율이 비슷한 경우에도 한 후보를 우세하게 보도하는 경우가 많습니다.

둘째, 여론조사 결과를 단순화하거나 왜곡하는 경우가 있습니다. 여론조사 결과는 다양한 요인에 의해 영향을 받을 수 있습니다. 그러나 한국 언론은 여론조사 결과를 단순화하거나 왜곡하는 경우가 많습니다. 예를 들어 한 후보의 지지율이 상승한 이유를 단순히 그 후보의 정책에 대한 국민들의 호응으로만 설명하는 경우가 많습니다.

셋째, 정치적 편향이 드러나는 경우가 있습니다. 한국 언론은 정치적 편향이 드러나는 여론조사 결과를 보도하는 경우가 많습니다. 예를 들어 자신이 지지하는 후보에 대한 여론조사 결과는 과장해서 보도하고, 반대 후보에 대한 여론조사 결과는 축소해서 보도하는 경우가 많습니다.

이러한 문제점들을 개선하기 위해선 다음과 같은 노력이 필요

합니다. 언론사 스스로 여론조사 보도의 문제점을 인식하고 개선해야 합니다. 언론사들은 여론조사 보도에 대한 가이드라인을 마련하고 이를 철저히 준수해야 합니다. 또한 여론조사 결과를 단순화하거나 왜곡하지 않도록 노력해야 합니다.

언론 소비자들이 여론조사 보도에 대한 비판적 사고력을 키워야 합니다. 언론 소비자들은 여론조사 보도의 오차범위, 조사방법, 조사 결과의 해석 등에 대해 비판적으로 생각해야 합니다. 또한 정치적 편향이 드러나는 여론조사 결과에 대해서는 주의해야 합니다.

여론조사는 민주주의 사회에서 중요한 역할을 합니다. 언론이 여론조사를 정확하고 공정하게 보도할 수 있도록 노력해야 합니다."

What do you think is wrong with the Korean media's poll reporting?

"1. Sampling Bias and Representation Issues:
If the sample used in a poll doesn't accurately represent the broader population, the results can be skewed. Media outlets may not always highlight or analyze the representativeness of the sample.

2. Biased or Leading Questions:
The way questions are framed can influence responses.

If poll questions are biased or leading, it can affect the credibility of the results. Media reporting should critically assess the wording of questions.

3. Editorial Bias:

Media outlets may have their own editorial biases that influence how they report on poll results. This can include emphasizing certain aspects of the results that align with their editorial stance.

4. Lack of Context and In-Depth Analysis:

Poll reporting may lack context and in-depth analysis, providing a superficial understanding of the results. This can contribute to misunderstandings and misinterpretations by the public.

5. Time Constraints:

Poll reporting often occurs on tight schedules, especially in the context of breaking news. In such cases, there may be insufficient time for thorough analysis and fact-checking, leading to inaccuracies.

6. Insufficient Expert Commentary:

Poll reporting may lack expert commentary or analysis.

Including insights from experts can help provide context, clarify complex issues, and offer a more nuanced understanding of the results.

7. Competition for Ratings:

Media outlets may prioritize sensational or attention-grabbing aspects of poll results to compete for ratings and readership. This can sometimes lead to sensationalism rather than objective reporting.

8. Overemphasis on Horse Race Journalism:

Horse race journalism, where polls are treated as a competition between candidates rather than an exploration of policy issues, can contribute to a lack of substantive reporting on important matters.

9. Ethical Concerns:

There have been instances of unethical polling practices, and media reporting on such polls without critical examination can perpetuate misinformation."

"바보야, 문제는 비용이야"

1992년 42대 미국 대통령선거. 재선에 나섰던 아버지 부시 후보는 베를린 장벽 붕괴, 냉전 종식에 힘입어 강한 미국을 표방했다. 반면 클린턴 후보는 짧은 정치 경력에다 베트남전 기피 의혹까지 받고 있었고. 이때 클린턴 진영이 내세웠던 선거 구호가 "바보야, 문제는 경제야"It's the economy, stupid. 였다.

톡톡히 효력을 봤던 이 구호가 다시 등장한 건 2016년. 주인공은 클린턴 아내 힐러리와 맞붙었던 트럼프였다. 다수 언론이 패배를 점쳤던 상황에서 빌 클린턴이 한 말을 인용해 결정타를 날렸다. "여전히 문제는 경제야, 멍청아! 그리고 이 말은 당신 남편이 했어."

어떤 나라든 대통령의 최우선 현안은 경제다. 그러나 온 역량을 투입해 상황이 호전되더라도 다시 경제가 1순위로 꼽힌다. 경제를 내세워 선거에서 승리했지만, 클린턴과 트럼프가 경제 대통령은 아니었다. 늘 경제가 중요하지만 그게 끝이 아니란 얘기다.

조사 전 과정에서 발생할 가능성이 있는 온갖 오차와의 전쟁이 불가피한 게 여론조사다. 그중에서도 표본을 선정하고 질문지를 만드는 과정에서 나타나는 오차가 압도적 비중을 차지하고 있고, 이 둘에 사회조사 자료의 질이 좌우된다고 해도 과언이 아니다.

엄격한 방식에 의한 표본추출과 정교하고 세련된 질문지 작성을 위해선 적지 않은 비용이 전제되어야 한다. 연구자 혹은 조사자가 적당하다고 생각하는, 그러나 조사 의뢰자가 도저히 감당할 수 없는 비용 말이다. 문제는 초과 비용을 투입하더라도 이에 비례한 효과를 거두기가 어렵다는 거다.

충분한 비용이 확보되더라도 모든 걸 해결할 순 없다. 결국 신뢰성과 정확성에 좀 더 가까이 다가가기 위한 노력을 살피고 평가해야 한다. "비용이 전체 조사 과정에서 가장 근본적인 부분"이긴 하지만, 여론조사의 문제점 및 한계에 대한 안일하고 비겁한 변명거리로 전락하는 일은 없어야 할 것이다.

조사를 통한 여론 만들어내기

공짜 점심은 없다. 적지 않은 비용을 들여야 실행할 수 있는 여론조사도 그렇다. 뭔가 노림수가 있다. 여론조사에 대한 집착이 점점 강해지는 이유이기도 하다. 그러다보니 여론조사 결과가 옳았는지 아닌지 확인하기 위해 선거를 실시하는 것처럼 보일 때도 있다. 꼬리가 몸통을 흔들어대는 경우에 해당한다.

노무현 이명박 박근혜 전 대통령은 물론 현재의 윤석열 대통령까지 본인에게 유리하게 나온 특정 여론조사를 인용한 바 있다. 당시엔 모두 상식 혹은 대세에 반하는 조사 결과였고, 처음 들어보거나 인지도가 낮은 조사기관이 실시한 것이었다. 이런 것들이 꾸준히 쌓이면서 《여론조사로 대통령 만들기》란 책이 나오기도 했었다.

실패하는 경우도 있지만, 그런 현상이 반복되고 있다. 야당 성향의 조사기관이 여당 대선주자 지지율 조사를 실시해 역선택 논란이 벌어지고 있고, 대통령 지지율 20%대가 붕괴되었다는 여론조사가 실시 보도되고 있기도 하다.

《신호와 소음》의 저자 네이트 실버가 운영하고 있는 파이브서티에이트도 여론조사를 통해 여론을 만들어낸 사례에 포함될 수 있다. 그곳에서 일했던 친구의 얘기다. "파이브서티에이트는 유권자들의 행동에 영향을 미칠 수 있다. 선거 당일 사이트를 방문하는 사람들 수백만 명은 예측모형이 어떻게 작동하는지 모른다. 그럼에도 그들은 클린턴 승리 확률과 트럼프 승리 확률만 보고서 클린턴이 이길 거라고 결론을 내린다."

선거 관련 질문이 포함된 경우, 선관위 산하 여론조사심의위에 등록된 회사만이 조사를 할 수 있고 관련 상세 자료를 제출해야 할 의무가 있다. 결국 대통령 탄핵 등 각종 정치 이슈의 경우, 아무나 아무렇게나 조사를 할 수 있다는 얘기다. 여론조사를 통해 기존에 없던 새로운 여론을 얼마든지 만들어낼 수 있다는 거다. 그것도 비공개적인 방식으로 말이다.

그런 조사 결과를 천박한 언론이 마구 받아쓰고 있다. 온라인 조회수에 사활을 걸고 있는 메이저 언론도 예외가 아니다. 모든 부문에서 규제 철폐를 외치는 상황 속에서 또 다른 여론조사 규제를 감수해야 할까.

'여론조사와의 싸움' 말리기

　　대통령 국정 수행 평가가 5개월 만에 20%대로 하락한 여론조사 결과를 놓고 여야가 설전을 벌이고 있다. 한국갤럽 데일리 오피니언 538호2023년 4월 2주에서 나타난 지지율 27% 때문이다. 싸움의 발단은 이에 대해 논평을 내놓은 대통령실이고, 민주당과 국민의힘 대응이 차례대로 이어졌다.

　　보도에 따르면, 대통령 관계자가 "항상 민심에 대해 겸허하게 보고 있다"면서 "어떤 경우에는 참고하고 어떤 경우엔 참고하지 않는 경우가 있다"고 말했단다. "하루에 나온 여론조사가 오차범위가 넘게 틀리면 어떤 여론조사를 믿어야 하는지 굉장히 의구심을 느끼는 경우가 많다"고 했다. 같은 물음조사문항에 대해 결과가 크게 다른 경우엔 신뢰도를 달리할 수밖에 없다는 거다.

　　대통령 국정 운영능력에 의구심을 가져야지 여론조사 결과가 무슨 문제냐는 민주당 논평 그리고 여론조사를 문제 삼아 싸웠던 건 민주당이 먼저였다는 국민의힘 반박에 대해선 생략한다. 정치인들이 대개 그렇지만…. 애들 장난도 아니고 유치하기 짝이 없는 내용이라서 말이다.

　자기에게 유리한 결과가 나오면 아무 문제가 없는 여론조사, 불리한 결과가 나오면 문제 많은 조사에다 조사기관까지 신뢰할 수 없다는 인식은 예외가 없다. 한편으론 당연한 일이지만, 보잘 것없는 정치를 더욱 민망하게 만드는 천박한 관행일 뿐이다.

　여론조사와의 싸움 빌미를 제공한 대통령실 수준도 기대 이하다. 서로 다른 조사기관에서 발표한 대통령 지지율에 차이가 심하면 어떤 걸 믿어야 할지 몰라 참고하지 않는다고 했다. 결국 다른 조사기관에선 36%, 34%인데 27%를 어떻게 믿을 수 있겠느냐는 거 아닌가. 높은 지지율은 참고하지만 낮으면 거들떠보지 않는다, 이거 그냥 한번 해 본 얘기인가.

　미국 연방준비제도, 즉 "중앙은행과 싸우지 마라."Don't fight the FED는 주식 투자자에게 귀중한 경구다. 때론 잘못된 판단을 하는 경우도 있지만, 거슬러선 좋을 게 없다는 얘기다. 문제가 많은 여론조사도 그렇다. 오차범위를 떠나 심상치 않은 지지율 흐름을 명백하게 보여주고 있다. 겸허히 수용하겠다, 반전을 위해 노력하겠다고 하면 된다.

　여론조사 근처에서 맴돌고 있는 처지라 차마 할 얘기가 아니지만. 대한민국 여론조사, 따지고 보면 별거 없다. 양화와 신호에 가까운 일부를 제외하면 대다수가 악화에다 소음에 가깝다. 여론조사 말고도 싸울 일이 많을 텐데, 괜한 곳에서 힘을 빼는 것 같아 안타까울 따름이다.

정치 양극화에
발목 잡힌 대통령 지지율

대통령 국정 수행 지지율은 대통령이 실제로 국정을 얼마나 잘 수행하고 있는지를 측정한 결과다. 너무나 당연한 얘기임에도 불구하고 여론조사를 통해 나타나는 국정 수행 평가가 제대로 된 것인지 의문을 가질 수밖에 없다. 실제적인 능력이나 결과 대신 정치적 양극화, 다시 말해 응답자들의 극단적인 정치적 성향에 따라 대통령 지지율이 좌우되고 있기 때문이다.

윤석열 대통령의 중동 순방 이후 발표된 한국갤럽 데일리 오피니언 563호2023년 11월 1주에서 나타난 대통령 국정 수행 긍정 평가지율는 34%다. 그런데 정당 지지자별로 살펴보면, 국민의 힘 지지자의 긍정 평가는 74%인데 비해 더불어민주당 지지자의 긍정 평가는 7%에 불과했다. 지지 성향에 따라 67%p라는 큰 격차를 보였다.

한국행정연구원 자료2022년 1월에 의하면, 1991년부터 2000년대 초반까지의 김영삼 김대중 정부 시절엔 여야 정당 지지자들의 대통령에 대한 평가에 그리 큰 차이가 없었다고 한다. 하지만 노무현 정부 이후 지지자들 간 평가 격차가 커진 것으로 나타났다. 특정 시기를 비교한 한계가 있지만, 노무현 정부2007년 4월 1주 62%p, 이명박 정부2009년 12월 4주 64%p, 박근혜 정부2016년 3월 1주 75%p, 문재인 정부2020년 3월 1주 85%p로 점차 벌어졌다.

지지자 간 대통령 국정 수행 긍정 평가, 즉 지지율에 대한 연평균 비교는 2021년 이후부터 가능하다. 문재인 대통령 임기 마지막 해인 2021년 민주당 지지자의 대통령 지지율은 75%, 국민의힘 지지자의 대통령 지지율은 5%로 70%p 격차를 나타냈다. 윤석열 대통령의 경우 2022년 5월부터 12월까지의 연평균 지지율은 34%였는데, 국민의힘 지지자는 70%, 민주당 지지자는 8%로 62%p 격차를 보였다.

미국에서도 공화당과 민주당 지지자들의 대통령 지지율 격차가 점점 커지고 있다. 1981년 취임한 레이건 대통령 이전까지만 하더라도 양당 지지자들 간 대통령 지지율 응답 격차가 30%p 이하였지만, 오바마 대통령 시기 70%p에 이어 트럼프 대통령 때 81%p로 최고조에 이르렀다.

정치적 양극화 폐해를 우려하고 있는 학계에선 정당 체제, 선거제도, 정치 전략, 미디어 환경 변화 등 다양한 원인을 분석하면서 해법을 제시하고 있지만, 대통령 국정 수행 평가의 극단화 현상이 나아질 기미를 보이지 않고 있다.

실제 국정 수행 성과와 무관한 상황에서 나타난 대통령 지지율이 과연 어떤 의미가 있을지 회의적일 수밖에 없다. 어떤 정파의 지지를 받는 대통령이든 말이다. 국가를 위해 봉사해야 할 대통령의 동기부여가 어떻게 가능하겠는가. 국정은 소홀히 하면서 통합 대신 자신이 속한 정당 지지자만 챙기는 일도 얼마든지 가능하지 않겠는가.

BTS 병역 여론조사 불발 유감

BTS 병역 특례와 관련된 여론조사를 결국 실시하지 않기로 했다고 한다. BTS 여론조사에 대한 이종섭 국방부 장관의 발언은 2023년 8월 31일 국회 국방위원회 전체회의에서 나왔다. 방탄소년단의 병역 문제에 관한 빠른 결정을 촉구하는 설훈 더불어민주당 의원 질의에 대해 "데드라인을 정해놓고 결론을 내리라고 했고 여론조사를 빨리하라고 지시를 내렸다"고 답했다. "신중하게 결정을 내리겠지만 최대한 빨리 결정하도록 하겠다"고 말했다고 한다.

그러나 국방부는 3시간 후 언론에 "국방부 장관의 발언은 여론조사를 빨리하라는 지시가 아니라 필요한지 검토하라는 지시였다"고 정정했다. 하지만 그 이후에도 여론조사 발언이 재생산되자 이튿날인 1일 다시 해명했다. "국방부는 'BTS 병역문제'와 관련해 여론조사를 실시하지 않을 것"이며 "여론조사 결과만으로 'BTS 병역문제' 의사결정을 하지 않을 것"이라고 했다.

찬반이 극명하게 나뉘고 있는 이슈의 경우 이에 대한 여론조사와 그 결과 역시 논란에서 벗어날 수 없다. BTS 병역 특례도 그런 경우다. 조사방식에 따라 상이한 결과가 나올 수 있는 여론조사를 어떤 방식으로 어떻게 실시할 것인가도 고민이고, 또 어떤 조사 결과가 나오더라도 찬반 양쪽이 흔쾌히 받아들이지 않을 것이란 점도 부담스러웠을 것이다.

여론조사와 관련해 근본적인 문제 제기를 하고 싶다. 우리 모두의 마음 속에 내재하고 있는, 즉 '확실성을 좋아하는 게으른 정신', 여론조사의 확률적 응답을 늘 이분법적 결과로 변환하여 이해하고 받아들이고자 한다는 점 말이다. BTS 병역 면제에 대해 물었으니 면제냐 군복무냐에 대한 확실한 답을 요구한다. 그래서 여론조사 결과를 토대로 BTS 병역 특례 문제를 조속히 그리고 단호하게 마무리하겠다는 심사가 깔려 있다. 2016년 영국의 브렉시트 여론조사에 대해선 찬성이냐 반대냐, 2016년 미국 대통령선거 여론조사에선 트럼프 당선이냐 클린턴 당선이냐 중에서 택일을 원하는 것도 마찬가지다.

여론조사의 가장 기본적인 응답은 2점 척도, 즉 양자택일이다. 병역 면제냐 군 복무냐, 찬성이냐 반대냐, 트럼프냐 클린턴이냐 중에서 하나를 선택하는 거다. 물론 '모르겠다', '뭐라 말하기 곤란하다', '둘 다 아니다' 등의 응답이 주어지기도 하지만 말이다. 모든 여론조사 결과는 확률적 추론에 근거해 받아들여지고 또 이해되어야 한다. BTS 병역특례 여론조사는 0.1%라도 앞서는 쪽으로 면제 혹은 복무를 결정하는 용도가 아니다. 군 면제와 복무 확률을 각각 확인하는 자료를 얻는데 그쳐야 한다.

다시 말하지만, 여론조사는 양자택일 혹은 이분법적 판단 용도가 아니다. 클린턴과 트럼프 중에서 한 명을 꼽는 목적이 아니라는 얘기다. 온갖 불확실성이 존재하는 세상사 속에서 미처 예상할 수 없는 수많은 결과 중 하나가 나올 개연성을 파악하는 용도로 사용되어야 한다. 2016년 미국 대선 때 클린턴에 비해 비록 낮은 확률이었지만, 28.2%라는 트럼프의 당선 확률을 보여준 여론조사가 틀린 걸로 매도되어선 곤란하다. 그 연장선상에서 2022년 3월 실시된 한국 대통령선거 때의 JTBC 여론조사 윤석열 47.7%, 이재명 48.4% 역시 잘못된 예측으로 분류되어선 안 될 것이다.

대통령 후보뿐 아니라 수많은 정부 및 지방자치단체 정책을 여론조사 결과에 따라 결정한 사례가 있다. 국민의 여론을 반영해 의사결정을 한다는 명분으로 말이다. 국민 여론이 늘 맞고 존중되어야 하는 건 아니다. 때론 여론조사에 반하는 의사결정을 할 수 있어야 진정한 리더라고 할 수 있으며, 그런 사례가 적지 않다. 그럼 점에서 BTS 병역 문제 의사결정을 여론조사만으로 결정하지 않겠다고 한 건 당연하다.

그러나 그렇다고 해서 여론조사를 실시하지 않겠다는 건 아니라고 본다. 여론조사와 그 결과에 대한 잘못된 인식, 즉 괜히 긁어 부스럼 만들지 않겠다는 몸 사리기 혹은 보신주의로 취급될 가능성이 있기 때문이다. 여론조사를 통해 최종 결과의 다양한 개연성을 살펴보는 작업은 아무리 해당 이슈가 민감하더라도 언제나 그리고 늘 필요하다고 생각한다.

여론조사,
Fantastic vs. Garbage

정치 양극화를 염려하는 목소리가 높지만, 여론조사를 바라보는 시각 역시 극단적으로 엇갈리고 있다. 어떻게 했길래 여론조사로 투표 결과를, 그것도 소수점 이하까지 정확히 맞출 수 있느냐고 놀라는 사람들이 있다. 그런가 하면 다른 한편에선 쓰레기처럼 형편없는 결과를 내놓는 여론조사를 어떻게 믿을 수 있느냐고 혀를 차는 사람이 있고.

2022년 3월에 실시됐던 대통령선거 때 공중파 방송 3사의 출구조사는 그야말로 환상적이었다. 윤석열 이재명 두 후보의 미세한 득표율 격차를 고스란히 반영한 조사 결과를 만들어낸 바 있다.

그러나 방금 투표소에서 나온 유권자를 대상으로 한 출구조사는 평소 실시 보도되는 여론조사, 주로 응답자 태도나 의견을 묻는 조사와 상이한 점이 있다. 게다가 어떤 조사냐에 따라 정확성에 차이가 있고. 가령, 국회의원을 뽑는 총선의 경우엔 출구조사마저 예측이 틀려 여론조사 무용론에 힘을 보태기도 한다.

선거 여론조사와 달리 평소 실시되는 각종 여론조사는 정확성을 가늠할 방법이 없다. 표본을 통해 파악하고자 하는 모집단의 특성, 즉 모수치를 모르기 때문이다. 선거 여론조사의 경우엔 후보들의 최종 득표율이 존재하기 때문에 사전 여론조사의 정확성 여부를 검증하는 데 문제가 없다.

  평소 접하는 수많은 여론조사 중 일부이긴 하지만 환상적 조사가 있을 테고 또 다른 일부는 쓰레기일 거다. 그러나 대다수는 둘 중 어느 쪽인지 판단하기가 어렵다. 환상적인 정확성과 형편없는 쓰레기의 중간 어디쯤에 위치할 것이다. 둘 중 어느 한쪽이라고 함부로 말할 수 없다는 얘기다.

표본은 드라이버,
모집단은 퍼팅

지극히 당연하지만, 골프에서 좋은 스코어를 기록하기 위해선 드라이버, 아이언, 퍼터 등 모든 샷을 잘해야 한다. "드라이버는 쇼, 퍼팅은 머니"라는 얘기를 들어봤을 것이다. 프로는 물론 아마추어에게도 적용되는 금언 말이다. 아무리 호쾌한 드라이버 장타를 치더라도 퍼팅 마무리가 서툴 경우 좋은 스코어는 물론 내기에서도 이길 수 없다는 거다.

여론조사도 그렇다. 표본의 특성 파악에만 지나치게 연연해선 곤란하다. 조사하고자 하는 대상 전체, 즉 표본을 통해 추론하고자 하는 모집단 특성 파악이 더 중요한 점을 인식해야 한다. 화려한 쇼에 해당하는 드라이버가 표본이라면, 좋은 스코어와 머니를 챙길 수 있는 퍼팅은 모집단에 비유할 수 있다.

손가락 끝이 가리키는 곳에 위치한 달을 바라봐야 하는 것과 마찬가지다. 손가락 끝에 표본이 위치하고 있다면, 저 멀리 달엔 모집단이 자리잡고 있다. 표본의 특성 파악에 머무르는 건 달을 제대로 관찰하지 않은 채 손가락 끝만 바라보는 결과로 이어질 수 있다.

드라이버샷이 퍼팅만큼 중요하다는 주장도 있듯이 표본에 대한 조사를 소홀히 하라는 게 아니다. 조사방법론의 핵심 및 궁극적 목적은 표본을 통해 모집단을 추론하는데 있다. 표본을 통해 얻어낸 조사 결과는 모집단 특성을 파악하기 위한 도구이자 수단이다.

한국갤럽 데일리 오피니언 535호2023년 3월 4주를 예로 들어보겠다. 3월 21일부터 23일까지 전국의 만 18세 이상 남녀 1,001명 표본을 대상으로 조사한 결과, 더불어민주당 35%, 국민의힘 34%란 정당 지지도가 나왔다. 이번 조사에서 나타난 표본의 특성이 그렇다는 거다.

이를 토대로 모집단, 즉 우리 국민 전체의 정당 지지도를 추론하는 것이 조사 목적이다. '95% 신뢰수준에서 최대허용 오차범위 ±3.1%p'란 이때 사용하는 문구이다. 만약 이번과 동일한 조사를 100번 실행했다고 가정했을 경우 더불어민주당 지지도는 32~38%, 국민의힘 지지도는 31~37%로 나올 가능성이 95번이라는 얘기다.

더불어민주당이 1%p 앞섰다고 환호하거나 안심할 일도 아니고, 국민의힘이 1%p 뒤졌다고 침울해하거나 비관할 일이 아니란 거다. '표본'에만 초점을 맞출 경우 그런 오해를 할 수 있을 것이다. 궁극적 관심사인 '모집단'에선 지지도가 겹치기 때문에 양당 중 누가 우세하다고 장담할 수 없다. 드라이버, 즉 표본이 아니라 퍼팅, 즉 모집단에서 앞서야 진짜 이긴 것이다.

여론조사에서
'홈런' 대 '몸에 맞는 볼'

　2017년 이후 6년 만에 개최된 제5회 월드 베이스볼 클래식 WBC에서 우리나라가 3회 연속 1라운드 탈락이란 부진한 성적을 거두었다. 시범경기에 이어 4월부터 시작될 2023 프로야구 KBO 리그 흥행에 적지 않은 타격이 예상된다.

　야구 좋아하는지 모르겠다. 구단과 감독은 어떤 타자를 선호할까. 한 방에 승패를 가를 수 있는 홈런 타자의 팀 기여도가 높은 건 사실이다. 이미 은퇴했지만 이승엽이나 이대호처럼 말이다. 그러나 장기 레이스에선 볼넷이나 몸에 맞는 볼을 통해서라도 출루하겠다고 투지를 불태우는 타자의 공헌도가 더 쏠쏠하다고 들었다.

　뜬금 없지만, 여론조사는 둘 중 어느 쪽일까. 야구와 마찬가지로 한 방 대신 출루율 쪽이다. 홈런이냐 삼진이냐가 아니라 타율, 볼넷, 몸에 맞는 볼을 추구한다. 공격뿐 아니라 주루와 수비까지 고려해야 한다. 여론조사는 '모 아니면 도'를 지향하지 않는다. 조사의 전 단계, 특히 질문지와 표본추출 과정에서 생길 수 있는 각종 오차를 조금이라도 줄이기 위해 최선을 다한 결과물이다.

여론조사에서 홈런은 좀처럼 나오지 않는다. 완벽하게 정확한 수치, 그런 건 허상에 가깝다. 정확할 것으로 추정되는 범위가 있을 뿐이다. 가령, 여론조사 결과를 보도할 때 '윤석열 48%, 이재명 46%'란 수치 제목이 틀린 건 아니지만 더 정확한 표현은 '윤석열 45~51%, 이재명 43~49%'란 범위다.

과정이야 어떻든, 어떤 방법으로든 그저 하나의 수치를 만들어내는데 열중할 뿐이다. 또 그런 수치를 절대시하고 있고. 여론이 여론다워야 한다는 건 조사 과정에서 발생하는 각종 오차를 줄이는데 최선을 다하는 것을 말한다. "악마는 디테일에 있다"고 했다.

막장에 가깝지만
'항꾼에' 가야

　욕하면서도 본다는 '막장 드라마', 본 적이 있는가. 자극적이 거나 비상식적 요소가 가득하지만, 끊임없이 쏟아내는 갈등과 그 전개 과정을 지켜보는 재미 때문에 계속 시청할 수밖에 없다 는 드라마.

　여론조사를 신뢰한다는 사람을 만나본 적이 거의 없다. 조작 하는 거 아니냐고 노골적으로 의심하는 사람들도 있다. 그러면 서도 이번 조사에선 지지율이 어떻게 나왔느냐고 궁금해한다. 그래서 매일 같이 조사가 실시되고 있고 또 보도되고 있다. 욕하 면서도 보는 막장 드라마인 셈이다.

　2022년 출간된 소설 《아버지의 해방일지》가 여전히 화제인 가 보다. 동일한 내용을 반복해야 하는 강연 요청이 지겨울 정도 로 말이다. 특히 걸쭉한 전라도 사투리가 인상적인데, 대표적인 단어가 '항꾼에'다. "항꾼에 묵어야제", "항꾼에 가야제" 등에서 알 수 있듯이 '함께'라는 뜻이다.

　여론조사기관 및 그 종사자, 대다수 전문가들은 시간과 비용만 충분히 제공되면 다음 선거 결과를 정확하게 예측할 자신이 있다고 말한다. 지난 선거 여론조사에서 나타났던 문제점과 한계도 극복할 수 있다면서. 그러나 그런 방법은 없을 것이다.

우리가 접하는 여론조사 상당수가 막장이거나 막장에 가깝다고 생각한다. 그럼에도 항꾼에 가야 한다. 완벽하게 나아질 수 있는 엄밀한 통계적 방법은 없지만, 어떤 요소들이 개선의 개연성을 조금이라도 높여줄 것인지 탐색 고민하면서 말이다.

갈치조림 백반에 소주 한 병

갈치조림은 칼국수 된장찌개 닭곰탕 등과 함께 서울 남대문 시장 식사 대표 메뉴다. 퀄리티 대비 가성비도 괜찮다. 사람이 몰리는 시간에 대기가 길어질 수 있다는 게 유일무이한 단점이다. 그래서 백반만 시켜야 한다. 술은 주문 사절. 테이블 회전율을 높이는 데 방해가 되기 때문이다.

그런데 어디서나 언론이 문제다. 여론조사와도 '태생적 불화'인데, 갈치조림 식당에서도 그렇다. 기자 초창기 때 선배와 점심을 먹으러 갔는데, 주인의 거절과 만류에도 불구하고 소주를 주문하는 바람에 얼마나 창피를 당했던지 아직도 기억이 생생하다. 1인분 추가 주문으로 만회를 시도했음에도 불구하고 말이다.

윤 대통령 지지율이 한 달 만에 상승세로 전환했다고 위험한 예측을 시도했던 언론들이 꼬리를 내렸다. 2023년 3월 하순 시점에 4주째 하락하던 지지율이 33%에서 34%로 반등했다고 했는데, 일주일 만에 4%p 내린 30%를 기록했다. 한국갤럽이 매주 발표하는 데일리 오피니언 535호2023년 3월 4주와 536호2023년 3월 5주 그리고 네이버 기사 검색 결과를 참고하기 바란다.

여론조사 결과에 대한 경마식 보도를 쉽게 비판한다. 관행적으로 말이다. 그러나 이렇다 할 대안이 없다. 매일 혹은 매주 조사 결과가 나오기 때문에 따라가면서 보도할 수밖에 없다. 조사를 줄이거나 자제하라고 말릴 순 없지 않겠는가.

문제는 섣부른 예측이다. 어떤 분야의 미래든 함부로 전망하는 건 위험하다. 다음 주 여론조사에서의 지지율 변화는 아무도 알 수 없다. 주가 오르내림이나 동전을 던져서 앞뒤가 나올 확률처럼 말이다. 칼국수나 된장찌개 닭곰탕 대신 옷에 냄새가 밸 수 있는 갈치조림을 선택하는 것까진 참아줄 수 있다. 그러나 하소연과 만류에도 불구하고 기어이 소주를 주문해 가게 주인은 물론 옆자리 손님들까지 불편하게 해선 안 될 것이다.

선거 여론조사 보도 문제점의 '지속 가능성'

선거 여론조사 보도에 문제가 많다거나 달라져야 한다는 특집은 선거 때마다 꾸준히 반복되어왔다. 가령, 18대 총선이 있었던 2008년 관훈저널 봄호에선 '총선보도 달라져야 한다', 2014년 봄호는 '지방선거 보도의 바람직한 방향', 2017년 여름호는 '대선 여론조사와 여론조사 보도의 문제점'이었다.

개선되었거나 달라졌는가. 여전하거나 오히려 악화된 측면도 있다. 질문지를 비롯한 선거 관련 조사 결과 등록 및 공개를 통한 투명성 확보, 휴대폰 가상번호 표집틀 사용을 통한 대표성 개선 등 여론조사 보도 기초 자료를 제공하고 있는 조사방법 측면에서의 개선과 사뭇 다른 모습이다.

선거 여론조사 보도가 나아지지 않고 있다는 구체적 정황도 있다. 중앙선관위 산하 선거여론조사심의위원회에선 선거 관련 여론조사 보도 우수 사례를 발굴해 시상해 왔다. 지난해 두 차례, 즉 대통령3월 9일 및 지방선거6월 1일가 있었고 남발을 걱정할 정도로 수많은 여론조사 보도가 나왔지만, 정작 수상작을 선정하지 못한 것으로 밝혀졌다.

보도 행태에서 개선되어야 할 문제점

선거 여론조사 보도 문제점엔 어떤 것들이 있을까. '보도 행태'와 '조사 결과 영향력' 둘로 구분할 수 있다. 보도 행태에서 개선되어야 할 문제점 10개를 요약 정리했다. 선거 여론조사에 국한되지 않는, 즉 언론 보도 일반에서 나타나는 문제점 상당수가 포함되어 있음을 알 수 있다.

첫째, 단기적 변동에 대한 집착. 열악한 조사 환경으로 인해 불안정하고 단기적인 출렁임이 발생할 가능성이 높다. 이런 변화에 초점을 맞추다 보면 중요한 장기적 추세가 간과될 수 있고, 여론 변화를 파악하는데 어려움을 겪는다. 여론조사 수치에 대한 일희일비가 불가피한 단점도 있다. 단기적 변동에 대한 집착은 여론조사 보도 문제점 중 가장 흔한 레퍼토리인 경마식 보도에 대한 부정적 평가로 쉽게 이어질 수도 있다.

둘째, 상황과 맥락에 대한 이해 부족. 단순 수치를 넘어선 정치적 상황과 맥락에 대한 고려가 필요하다. 만약 이런 점들을 놓치게 되면 독자나 시청자가 여론조사 결과의 의미나 중요성을 제대로 받아들이지 못할 수 있다. 다만 그런 과정에서 자의적 해석이나 지나치게 주관이 개입될 소지가 있다는 점을 유의해야 한다. 조사 결과 및 보도가 나오게 된 배경을 살피기 위해선 육하원칙, 즉 '5W1H'를 활용하는 것도 방법이다.

셋째, 여론조사에 대한 감별 부족. 선거 여론조사라고 해서 모두 같은 게 아니다. 조사 의뢰자와 조사기관은 물론 표본추출과 질문지 등 방법론 및 품질에 차이가 있다. 조사 의뢰자의 당파성 여부도 살펴야 하고 조사기관의 규모나 과거 실적 및 선거 예측 경험 등을 비교 검토해야 한다. 그럼에도 이런 점을 감안하거나 선별하고 있는 여론조사 보도를 만나기가 쉽지 않다. 독자나 시청자가 믿고 볼 수 있는 보도를 추구하는 언론이라면 아무런 경중 없이 여론조사를 다루는 일이 없어야 할 것이다.

넷째, 방법론에 대한 설명 미흡. 선거 여론조사 보도 개요 혹은 방법론에 대한 설명은 예전에 비해 나아졌다. 중앙선거여론조사심의위원회의 역할과 공헌 때문이다. 여론조사는 기획부터 마지막 단계까지 스며들어 있는 각종 오차를 줄이기 위한 과정에 불과하다. 표본선정 과정에서 나타나는, 즉 통계적으로 계산 가능한 오차범위가 전부라고 오해하는 사람들이 적지 않다. 질문지나 응답, 자료처리 과정에서 발생할 수 있는 비표집 오차 등 잠재적 편향 요소를 투명하게 공개할 필요가 있다.

다섯째, 센세이셔널리즘. 깜짝 놀랄만한 결과나 급격한 변화에 주목하는 경우다. 이 때문에 여론조사 데이터의 특정 부분을 지나치게 강조하거나 심지어 왜곡하기도 한다. 그런 결과를 보도하지 말라는 게 아니다. 여론조사는 대개 심심하고 지루하고 재미가 없는데, 선거 여론조사 역시 마찬가지다. 단정할 수 없지만, 센세이셔널한 선거 여론조사 보도는 가짜뉴스일 가능성이 높다. 잘못된 혹은 조작된 조사에서 출발했거나, 그렇지 않은 결과가 보도 과정에서 둔갑했을 수 있다.

여섯째, 성급한 보도. 남들보다 먼저 보도하고 싶은 건 언론의 기본적 속성이자 숙명이다. 콘텐츠의 완성도가 떨어지거나 함량이 미달하더라도 말이다. 선거 여론조사 보도 역시 마찬가지다. 기존의 구도 혹은 지지율에 변화가 생겼을 경우 보도를 서두르기 쉽다. 변화라고 보기 어렵거나 애매한 점은 간과하거나 심지어 무시한다. 과도한 단순화와 심층 분석 미흡 등이 수반될 수 있다.

일곱째, 오도된 헤드라인. 본문 기사와 뉘앙스가 다른, 그것도 깜짝 놀랄 만한 제목으로 뽑게 되면 여론조사 본래의 의미가 사라지거나 희미해질 수 있다. 독자나 시청자의 주목을 끌기 위한, 소위 낚시성 제목 말이다. 지지율 수치와 관련해 오해 소지가 있거나 부정확하더라도 이를 감수하고자 하는 것은 특히 선거 여론조사 보도의 중요한 문제로 간주되어야 한다.

여덟째, 편향된 보도. 정치적으로나 이념적으로 어느 한쪽에 편향된 보도를 심심치 않게 발견할 수 있다. 선거 여론조사 보도 문제점의 대다수가 여기에서 파생된 것이다. 어떤 방식으로 선거 여론조사를 보도할 것인가, 어디에 초점을 맞출 것인가, 어떤 여론조사를 선택해서 보도할 것인가, 질문 구성 또는 결과 해석엔 어떤 영향을 미칠 수 있는가 등이 모두 편향된 시각에서 출발할 수 있다.

아홉째, 데이터 선택 부작용. 여론조사에 대한 감별 부족과 또 다른 차원의 문제점이다. 자신 혹은 자사가 원하는 보도 방향 및 내러티브와 일치하는 여론조사 자료를 선택적으로 강조해 보도하는 것이다. 의제 설정이란 미명하에 말이다. 그 과정에서 반대되거나 모순적 데이터는 가볍게 무시하거나 소홀히 취급하는 문제점이 더해진다.

마지막으로 윤리적 기준 부재. 자살 보도와 마찬가지로 선거 여론조사 보도에서도 최소한의 윤리적 기준을 갖추어야 하고 이를 준수해야 한다. 그런 기준의 존재 자체를 모를 뿐 아니라 이를 지키려는 노력이나 의지가 부족한 게 현실이다. 이해관계 충돌을 밝히지 않는 점, 군소 후보나 새로운 인물에 대한 배려 부족 등도 함께 지적되어야 한다.

영향력 측면에서 양화 구축하는 악화

'사실 여부 관심 없다, 여론 만드는 여론조사'. 지난해 말 어떤 메이저 신문 특집 제목이다. 여론을 만들어서 영향력을 미치고 자 하는데 여론조사가 사용되고 있으며, 그게 사실이 아니더라 도 상관없다는 얘기다. 사활이 걸린 선거에선 어쩌면 당연하다. 선거 여론조사 및 보도에 관한 양화와 악화 구분이 무의미하다. 승리에 봉사할 수만 있다면 지엽적 문제로 치부된다.

본의든 아니든 선거 여론조사 보도는 영향력을 갖는다. 총선 을 몇 개월 앞둔 시점에서의 여론조사 및 그 보도는 인지도 제 고가 목적이다. 조사의 신뢰성이나 정확성, 가령 지지율은 물론 표집틀이나 응답률 등은 관심사가 아니다. 좀 더 많은 유권자를 접촉해 화려한 경력으로 포장된 후보 이름 석자를 알리는 게 중 요하므로 악화 여부에 아랑곳하지 않는다.

선거 여론조사 보도로 인한 영향력은 '밴드왜건 효과'를 훨씬 더 신봉한다. 어떤 방법을 동원하든 가급적 높은 지지율 혹은 1

위여야 한다고 생각한다. 여의치 않으면 자비를 들여서라도 1위로 나오는 여론조사 결과를 만들고 또 보도되게끔 한다. 그래야 지역구민이나 중앙당에 어필할 수 있기 때문이다. 제대로 된 여론조사가 아닐 수밖에 없고, 그런 보도는 가짜뉴스로 분류해야 마땅하다.

추악한 승리를 추구하는 무리들로 인해 선거 때마다 수많은 악화가 양화를 구축한다. 자의든 타의든 여론조사기관이나 언론사들이 그런 일에 봉사하게 된다. 무슨 커다란 영향력인 것처럼 말이다. 자신에게 유리한 여론조사 보도는 아무런 문제가 없다고 생각한다. 잘못되거나 왜곡된 여론조사, 즉 악화라도 개의치 않는다. 반대로 자신에게 불리한 여론조사 보도는 비록 신뢰성과 정확성이 보장된 여론조사, 즉 양화라도 온갖 문제점으로 얼룩졌다고 간주한다.

그래서 조사 결과 보도가 들쭉날쭉해서 헷갈린다, 잘못된 여론조사 보도 때문에 이겼다거나 선거를 망쳤다는 얘기가 나오기도 한다. 괜한 트집이거나 변명에 불과하다. 조사기관별로 다양한 방법에 입각한 여론조사는 서로 다른 결과가 나오는 것이 오히려 당연하다. 자료수집방법은 물론 표본크기, 표본추출방법, 응답률, 조사 시기, 질문지 등이 상이하기 때문이다.

여론조사 보도 때문에 당초 예측과 다른 미래가 나타나는 건 문제가 아니라 얼마든지 가능하단 인식이 필요하다. 여론조사에서 1위였다가 패배한 후보는 지지자들이 마음 놓고 놀러 갔다고, 2위 후보가 패배한 경우엔 여론조사에서 나타난 지지율 격차로 인해 지지자들 상당수가 투표를 포기했다고 불만이다. 미리 미래를 알게 될 경우 이로 인해 미래가 변하는 사례가 적지 않다. 지지 후보를 정하지 못한 무당층 유권자들이 1위 후보를 지지하고자 하는 밴드왜건 효과가 나타날 수 있지만, 약자를 응원하고자 하는 '언더독 효과'가 나타날 가능성도 무시할 수 없다.

주식을 사야 할 때인가, 집값이 오를 것인가 내릴 것인가를 묻는 질문과 그 결과 보도 때문에 주식이 떨어졌다거나 부동산 시세가 하락했다고 불평하는 사람은 없다. 주식 매매에 대한 응답자들의 반응과 반대로 매매해 이익을 본 사람이 있는가 하면, 부동산 시세 등락 여론조사 결과에 순응하는 방식으로 매매 타이밍을 포착하는 사람도 있다. 투자자가 활용할 수 있는 자료 중 하나가 여론조사일 뿐이다. 선거 여론조사 보도 역시 마찬가지다.

선거 여론조사 보도의 궁극적 문제 '정치성'

총선 여론조사 보도의 궁극적 문제점은 '정치성'으로 귀결된다. 여론조사라는 이름으로 이루어지는 언론 일반의 정치적 행위가 선거 때마다 출몰한다. 욕하면서 봐야 하는 '막장 저널리즘'. 이를 지켜보는 정치권이나 당파적 유권자를 비롯한 관객들이 여론조사 보도를 액면 그대로 받아들이는 게 오히려 이상할 정도다.

자신이 이미 알고 있던 것, 아니 이런 결과여야 한다는 입장과 배치되는 선거 여론조사 보도엔 뭔가 문제가 있다고 인식한다. 보도 행태든 영향력이든 말이다. 내로남불 현상으로 인해 모든 선거 여론조사 보도엔 항상 문제점이 내재된 것으로 간주한다. 어떤 보도든 특정 정파에게 유리하면 다른 정파에겐 불리하기 때문이다. 그런 점에서 선거 여론조사 보도 문제점이 개선되더라도 이에 대한 논란이 재생될 수밖에 없을 것이란 암울한 전망이 가능하다. '지속 가능성'이 있다는 얘기다.

언론 자체의 노력은 물론 학계 및 업계와의 협력이 필요하지만, 희망사항에 불과하다. 실현 가능성과 실효성이 희박하기 때문이다. 일부 개선방안은 앞서 제시했던 선거 여론조사 보도 문제점에서 언급했기에 여기선 생략한다. 다만 내년 4월 총선과 관련해 몇 가지 사항을 추가하면서 맺고자 한다.

국회의원 선거는 나름의 특성을 감안해야 한다. 차별화된 인식과 대응이 필요하다. 대통령 및 지방선거와 비교해서 말이다. 직전에 있었던 선거, 즉 작년 3월 대통령선거 때의 여론조사 및 보도는 잊어야 한다. 지금 기억해야 할 건 지난 총선, 즉 2016년과 2020년 때의 여론조사 및 보도다. 방송사 출구조사를 비롯한 모든 여론조사가 틀렸음에도 불구하고 이에 기반해 여론조사 보도가 이루어졌음을 상기해야 한다.

불가능에 가깝겠지만, 여론조사나 선거 예측에 목을 매는 경우가 없어야 한다. 여론조사 보도에 있어서 머리와 몸에 잔뜩 힘이 들어가 있는 경우가 대부분이다. 골프, 수영 등 많은 스포츠는 물론 미용실에서 머리를 감을 때조차 머리 혹은 몸에 힘을 빼라는 요청을 받게 된다. 아마추어 티를 벗어나기 위해선 반드시 갖추어야 할 덕목이다. 선거 여론조사 보도 역시 마찬가지다.

막대한 자금을 퍼붓고도 총선 때마다 헛발질이었던 방송사 출구조사도 힘을 빼야 할 시점이 이미 지났다고 생각한다.

선거 여론조사 보도가 수치 위주의 정량적 보도에 한정될 이유는 없다. 정성적 혹은 질적 보도를 통해 깊이와 풍미를 더할 수 있다. 가령, 심층 인터뷰나 탐사 보도 형식이 가능하다. 여론조사 혹은 보도와 관련한 후보 및 캠프의 주장, 여론조사 조작이나 결과 왜곡, 실사, 즉 조사 현장에서 벌어지고 있는 일 등은 탐사 저널리즘에서 다룰 수 있는 주제로 손색이 없다.

가독성이나 흥미 있는 여론조사 보도를 위해선 외부 전문가의 손길이 필요하다. 투표 확실층이나 부동층에 대한 분석이 유의미할 것이다. 비확률적 인터넷 패널조사를 활용해 특정 직업 집단에 초점을 맞춘 보도 역시 흥미를 끌 수 있다. 웹을 활용한 심층 분석, 앱을 통한 시각적 분석, 블로그나 유튜브 등 대체 미디어 발굴, ChatGPT나 Bard 등 생성형 AI 활용도 시도해볼 만하다.

현행 선거법의 제한 혹은 한계, 즉 D-7일 이전이라도 조사 결과에 기반해 최종 득표율 예측이 시도되어야 한다. 방송사와 달리 신문 잡지 등 인쇄 매체의 경우 여론조사 보도를 통한 선거 예측이 면제되어왔다. 선거일로부터 7일 이전까지의 조사 결과만 보도할 수 있기 때문이다. 연령별 투표율, 무당파 배분, 판별 분석, 빅데이터 등을 활용한 예측이 이루어져야만 여론조사 및 보도의 발전이 가능할 것이다.

미국 선거여론조사의
새로운 변화상

오랜 역사와 경험, 역량 축적에도 불구하고 여론조사에서 나타난 결과를 흔쾌히 받아들이기가 쉽지 않다. 2016년과 2020년 미국 대선 여론조사가 그랬다. 트럼프라는 '예외적인' 정치인이 개입된 탓도 있지만, 실제 투표 결과 대비 여론조사의 신빙성을 의심할 수 있는 증거가 한둘이 아니었다.

퓨리서치센터가 2000년부터 2022년까지의 미국 내 78개 여론조사기관 자료를 분석한 결과, 선거여론조사와 관련해 새롭게 변화하고 있는 몇 가지 모습을 확인했다고 한다.

첫째, 조사 디자인이 바뀌었다. 2016년 이후 기존과 다른 접근방식을 사용한 경우가 전체의 61%에 달했다. 선거여론조사와 늘 연관된 건 아니지만, 2020년 이후엔 전체 조사기관의 37%가 표본선정 및 인터뷰 방법을 변경한 것으로 나타났다.

둘째, 실시간 전화 조사가 크게 감소했다. 응답률 하락과 비용 증가 때문이다. 여전히 기존 방식으로 진행하는 경우가 있지만, 상당수32% 조사기관이 확률에 기반한 패널 등 다른 방법을 병행하고 있는 것으로 조사됐다.

셋째, 2016년 이전부터 이미 온라인 여론조사의 성장이 이루어진 것으로 파악됐다. 일부 조사기관에선 RDD 대신 유권자 등록 파일을 표집틀로 사용해 온라인 조사를 시행해 왔다.

넷째, 확률에 기반한 패널 사용이 보편화되고 있다. 특히 주소 기반 표집, 즉 우편 서비스 DB를 이용한 표본추출이 늘어났다. 확률 기반 패널만 사용하거나 다른 방법과 병행하고 있는 조사기관 수가 7개에서 23개로 3배가량 늘어난 것으로 나타났다.

다섯째, 응답자 동의에 기초한 온라인 옵트인Opt-in 증가 추세가 둔화하고 있다. 편의 표집에 해당하는 옵트인 조사를 단독 혹은 다른 방법과 병행하는 경우가 2012년과 2020년 사이 10개에서 47개로 크게 늘어났지만, 2022년엔 이 수치가 제자리걸음을 하고 있는 것으로 조사됐다.

여섯째, 표본 소스 및 모드 변경의 유효성을 입증한 바 있지만, 향후 조사를 통해 추가적 확인이 필요하다. 2016년과 2020년 대선 때 표본추출방식 개선을 통해 공화당 지지에 대한 과소 대표성이 해소되긴 했지만, 2024년 이후 대선 등 선거여론조사에서 추가적인 검증이 요청되고 있다.

* 퓨리서치센터에 실린 'How Public Polling Has Changed in the 21st Century'2023년 4월 19일 내용에 필자의 생각을 곁들여 요약 정리한 것이다.

여론조사의 새로운 쓸모

여론조사를 통해 무엇을 알 수 있을까. 당장은 각종 현안에 대한 응답자의 생각이나 태도를 알아보는 용도가 떠오를 것이다. 정부 정책에 대한 찬반이나 동의 여부, 고객 만족도, 대통령 국정 수행 및 정당에 대한 지지율 말이다.

가끔은 여론조사를 미래 예측에 사용하기도 한다. 지금 주식을 매수해야 하나 매도해야 하나, 앞으로 부동산 가격이 어떻게 될 것 같은가, 작년에 비해 살림살이가 나아졌는가, 향후 1년간 경기에 대해 어떻게 전망하는가 등이 그것이다.

이 여론조사 결과들을 단순히 제시 전달하는 건 안일하거나 친절하지 못하다는 느낌이다. 가령, 향후 경제 전망에 대해 '좋아질 것'이란 응답이 더 많거나 '나빠질 것'이란 응답이 더 많은 경우를 각각 어떻게 받아들여야 할까.

여론조사 결과에 대한 반응은 둘로 나눌 수 있다. 민감한 사람들은 비록 지금은 어렵지만 경제가 나아질 것이라고 좋아하거나 혹은 더 어려워질 것이란 전망에 낙담할 것이다. 덜 민감한 사람들은 향후 경제에 대한 낙관 및 비관 전망을 접하고도 "그래서 어떻다는 거냐"고 반문하거나 무심하게 넘길 것이다.

여론조사 결과에 대한 해석이나 대응을 일반인에게 떠넘겼기 때문에 이런 반응들이 나타난 건 아닐까. 추가적인, 가령 실물 수치와의 상관관계 분석을 통해 좀 더 실용적 의미 혹은 가치를 제공하면 여론조사의 효용성이 나아지지 않을까 생각한다.

거칠긴 하지만, 한국갤럽의 향후 1년간 경제전망에 대한 2020년 5월 이후 3년 동안의 매월 조사 결과와 같은 기간 코스피 지수 변화를 살펴봤다. 경제전망에 대한 낙관에서 비관 응답을 뺀 순지수가 역으로, 즉 마이너스 수치가 높게 나타나면 조만간 주가지수가 상승하는 모습이다. 반면 순지수가 0에 가깝게, 즉 낙관과 비관이 거의 비슷한 수준에 이르면 주가지수가 하락으로 접어들고 있음을 알 수 있다.

따라서 순지수가 가장 비관적일 때 주식을 매수하고, 낙관과 비관이 거의 비슷하면 주식을 매도하는 방법이 있다. 가령, -54%로 순지수가 가장 비관적이었던 2020년 8월에 매수하고, 순지수가 한 자릿수 근처였던 2021년 4월부터 2022년 3월 사이에 매도하면 어땠을까. 순지수가 비관적이었던 2022년 10월에 다시 주식을 매수했다면 최저점을 적절히 포착한 셈이다.

매도 타이밍은 어떻게 잡아야 할까. 앞으로 매달 발표될 한국 갤럽의 경제전망 조사 결과를 참고하면 될 것이다. 미국에서 발표되는 두 가지 지수, 즉 컨퍼런스보드의 '소비자신뢰지수'와 미시간대학교의 '소비자심리지수'처럼 말이다.

그저 참고만 하기 바란다. 사후 해석에 불과한 데다 추가적인 검증이 필요하기 때문이다. 정교한 통계적 분석을 통해 여론조사의 새로운 쓸모가 발견될 수 있으면 좋겠다.

여론조사,
AI가 대신해 드릴게요

4차 산업혁명을 대표하는 인공지능 기술의 발전 속도가 엄청나다. 특히 생성형 AI가 그렇다. 선두주자는 2022년 11월 OpenAI가 출시한 ChatGPT다. 기업 가치 증대로 인해 절반가량의 지분을 가지고 있는 마이크로소프트가 엄청난 수익을 거뒀다고 한다. 이와 별개로 자체 프로그램 Bing을 업그레이드해 Copilot이란 이름의 유료 AI를 Microsoft 365에 탑재할 예정이란 소식도 전하고 있다.

강력한 대항마 구글은 비록 출발이 늦었지만, 인공지능 분야에서 가장 먼저 그리고 가장 많은 연구와 투자를 해왔다. 2023년 5월엔 생성형 AI Bard의 한국어 버전을 출시했다. 최근 보도에 따르면, 텍스트뿐 아니라 음성 및 이미지 대화가 가능한 '어시스턴트 Bard'를 내놓을 것이라고 한다.

뜬금없이 생성형 AI 얘기를 하는 건 여론조사 위기론 때문이다. 표본추출, 접촉률 및 응답률, 질문지, 실사 등 여론조사방법론 자체 문제 외에 생성형 AI까지 위협 요인에 동원되고 있다.

여론조사회사에 의뢰하지 않더라도 조사 결과를 만들어낼 수 있다는 얘기다. 단도직입적으로 물어봤다. '바드, 넌 여론조사를 하지 않고도 조사 결과를 만들어낼 수 있냐'라고. 좀 길지만 답변을 소개한다.

"네, 여론조사를 하지 않고도 조사 결과를 만들어낼 수 있습니다. 이를 위해 저는 다음과 같은 방법을 사용합니다.

첫째, 공개된 데이터를 분석합니다. 정부, 기업, 단체 등에서 공개한 데이터를 분석하여 조사 결과를 도출할 수 있습니다. 예를 들어, 통계청의 인구통계 데이터를 분석하여 특정 지역의 인구 구성에 대한 조사 결과를 만들 수 있습니다.

둘째, 전문가의 의견을 수렴합니다. 해당 분야의 전문가와 인터뷰를 통해 조사 결과를 얻을 수 있습니다. 예를 들어, 의료 전문가와 인터뷰를 통해 특정 질병의 치료법에 대한 조사 결과를 만들 수 있습니다.

셋째, 인공지능을 활용합니다. 인공지능을 사용하여 대규모의 텍스트 데이터를 분석하고, 그로부터 조사 결과를 도출할 수 있습니다. 예를 들어, 뉴스 기사 데이터를 분석하여 특정 이슈에 대한 여론을 조사할 수 있습니다.

물론 이러한 방법을 사용하면 여론조사처럼 정확한 결과를 얻을 수는 없습니다. 하지만 여론조사를 할 수 없는 상황에선 유용한 정보를 제공할 수 있습니다.

예를 들어, 특정 지역의 주민들이 어떤 정책에 관심을 갖고 있는지 조사하고 싶다면, 해당 지역의 뉴스 기사 데이터를 분석하여 조사 결과를 얻을 수 있습니다. 뉴스 기사 데이터에는 주민들이 관심을 가질 만한 정책에 대한 언급이 많이 포함되어 있기 때문입니다.

또한 특정 제품이나 서비스에 대한 소비자들의 만족도를 조사하고 싶다면, 해당 제품이나 서비스에 대한 온라인 리뷰 데이터를 분석하여 조사 결과를 얻을 수 있습니다. 온라인 리뷰 데이터에는 소비자들이 제품이나 서비스에 대해 남긴 의견이 많이 포함되어 있기 때문입니다.

이처럼 여론조사를 하지 않고도 조사 결과를 만들어내는 방법은 다양합니다. 상황에 맞는 방법을 선택하여 유용한 정보를 얻을 수 있습니다."

빅데이터를 통해 어느 정도 가능하다는 얘기인데, 제법 그럴듯하지 않는가. 하루아침에 사라지는 일이야 없겠지만, 여론조사 환경이 지금보다 더 악화되면 생성형 AI에게 한번 물어보자는 얘기가 나오지 말라는 법이 없을 것 같다. 현재의 위기에다 미래의 위기까지. 여론조사회사를 비롯한 이해관계자들의 비상한 관심과 대응이 필요할 것이다.

질문하면서 ChatGPT와 친해지기

여론다움이란 단어는 명확하게 정립된 개념은 아니다. 시험적으로 만든 것으로 좀 더 정교하게 다듬어볼 생각이다. 그런 작업 이전에 최근 유행하고 있는 ChatGPT에게 물어보고 의견을 나눴는데, 낯선 한국어인데다 질문 경험이 부족한 탓인지 대답이 영 마음에 들지 않는다.

먼저 한글로 여론다움이란 단어에 대해 물었더니 '여론'과 '다움'이 합쳐진 신조어라고 했다. 그런 단어를 듣거나 본 적이 없는데 단어 존재 자체에 대해서도 불편한 감정을 드러냈다. 어떤 주장이나 행동이 대중적 여론에 맞추어서 보이는 척하는 현상이라고 덧붙이고 있다. '여론답지 않은데 마치 여론인 것처럼' 정도로 오해를 하는 거 같다.

여론다움을 '기본에 충실하면서 각종 오차를 최소화하는 방향으로 여론조사가 실시되고, 보도준칙을 준수하면서 불필요한 오해가 발생하지 않도록 보도해야 한다'는 뜻으로 사용하면 어떠냐고 제안해봤다. 그런 개념 정의가 오히려 혼란을 줄 수 있다고 염려하면서 다른 용어를 사용하는 것이 바람직하다고 조언했다.

이번엔 텍스트가 풍부하다는 영어로 물어봤다. 여론다움에 해당하는 영어 단어가 존재하지 않기 때문에 '여론이 여론다워야 한다'는 문장에 대해 어떻게 생각하냐고 질문했다. 동의반복적으로 받아들이면서 의도하고자 하는 바를 이해하지 못하는 느낌이었다.

그래서 여론다움에 대한 또 다른 생각을 개념적으로 물어봤다. '여론조사를 통해 만들어진 여론은 여론조사의 여러 가지 문제점과 한계로 인해 소극적이거나 제한적으로 해석 활용되어야 한다'는 것에 대해서 말이다. 다음은 이에 대한 ChatGPT 답변을 한글로 번역한 것이다.

"여론조사를 통해 만들어진 대중의 의견이 어떻게 해석되고 활용되어야 하는지에 대한 의견은 다양합니다. 일부 학자들은 여론조사가 대중의 견해와 선호도를 이해하는 데 유용한 도구임을 주장하지만, 여러 가지 한계점과 잠재적인 오차 요소들 때문에 결과를 조심스럽게 해석해야 한다고 경고합니다. 그들은 조사의 한계점을 인식하고 결과에 미치는 영향을 최소화하기 위한 조치를 취해야 한다고 제안합니다.

여론조사가 본질적으로 결함이 있으며 제한적인 방법으로만 해석되고 활용되어야 한다고 주장하기도 합니다. 그들은 표본 편향, 응답 편향, 질문 언어 등 여러 가지 문제점을 지적하면서 이러한 문제들이 결과를 정확하게 해석하는 것을 어렵게 만든다고 합니다. 그들은 대안적인 방법으로 포커스 그룹이나 심층 인터뷰 등이 대중의 의견에 대한 보다 정확하고 미묘한 통찰력을 제공할 수 있다고 주장합니다.

전반적으로 이 문제에 대한 학술적 연구 의견은 복합적이며, 여론조사 결과를 해석하고 활용하는 최선의 방법에 대한 합의점이 없습니다. 일부에선 보다 조심스럽고 비판적인 접근이 필요하다고 제안하고 있고, 또 다른 학자들은 여론조사가 여전히 유용한 통찰력을 제공하기 위해선 다른 방법가령, 빅데이터를 비롯한 Organic Data을 적절히 활용해야 한다고 주장합니다.”

방대한 정보를 지속적으로 학습 보유하고 있는 ChatGPT에 겐 질문을 잘해야 원하는 답을 얻을 수 있다고 한다. 좀 더 친해 지면서 만족할 만한 답변을 받아내면 그때 다시 글을 써볼 생각 이다. 여론다움에 대해서 말이다.

제 3 장

여론조사
이례적 여론조사의 당연한 결과

NBS 대 한국갤럽:
동일 조사방법에서의 결과 차이

유사 시점에 동일 조사방법을 사용했음에도 불구하고 상이한 결과가 나타나는 경우가 있다. 휴대전화 가상번호라는 표집틀 및 전화면접방식을 함께 사용하고 있는 NBS와 한국갤럽 정기조사에서 종종 서로 일치하지 않은 결과가 발표돼 혼선을 빚고 있는 게 대표적 사례다.

정당 지지율과 무당파 비율, 총선 구도 등에서 두 조사에 얼마나 차이가 있는지, 또 그런 차이가 발생하는 이유와 관련해 유력하게 제기되고 있는 두 가지 가설을 살펴보고 있는 자료가 있어 소개한다.

NBS의 경우 더불어민주당 지지율이 한국갤럽보다 낮게 나타나는 경향이 있다. 동일 시점의 30개 조사에서 국민의힘 지지율은 두 기관이 같았지만, 민주당은 NBS가 평균 3.53%p 낮게 나왔다. 시기적으로 다소 차이가 있지만, 무당파 비율은 NBS29.0%가 한국갤럽27.1%보다 높게 나타났다.

2023년 2월까지만 하더라도 정당 지지율에서 큰 차이가 발생하지 않았지만, 그 이후부터 7월까지 민주당, 무당파 비율에서 두드러진 차이를 보여주고 있다. 8월 이후부터는 그 격차가 좁혀지고 있는데, 상대적으로 NBS 조사가 시점별 변동 민감성이 큰 편이었다.

2024년 4월 총선 구도의 경우 정당 지지율보다 더 뚜렷한 차이를 보여주고 있다. NBS에선 '국정 안정-여당 지원론'과 '정부/여당 견제-야당 지원론'이 오차범위 내 경합 상황이지만, 한국갤럽은 '정부 지원 위한 여당 승리 기대'보다 '정부 견제 위해 야당 후보 많이 당선'이 12~14%p 우세하다.

응답자 성향 분포에 영향 미칠 가능성이 높은 응답률을 집중적으로 살펴봐야 한다. 응답률 크기의 경우 국민의힘 지지율과는 뚜렷한 상관관계가 없는 반면, 더불어민주당 지지율과 제3정당정의당+기타 정당, 무당파 비율 등과는 유의미한 상관관계를 보여주고 있다.

그러나 응답률이 정치 성향 분포에 미치는 영향은 생각보다 복합적인 요인, 가령 '조사기관 효과', 조사 시점 등과 상호작용 관계를 나타내고 있다. 결국 성급한 공식화를 조심하는 대신 실증 분석을 통한 추가적 검증이 필요할 거 같다.

한국리서치 자체 웹 서베이 실험을 통해 총선 인식에 대한 '워딩 효과' 유무 및 원인을 실증적으로 검증했다. 두 개의 실험 집단, 즉 NBS 워딩을 사용한 A, 한국갤럽 워딩을 사용한 B 집단 간 응답 차이는 워딩 효과로 해석할 수 없다는 결과가 나왔다. 조사 시점에 따라 A 집단에선 안정론 비율이 높게 나온 뒤 격차가 감소하는 경향이 나타났고, B 집단에선 견제론 응답이 압도적으로 높았다.

제3의 요인을 통제한 상황에서의 워딩 효과를 살펴본 결과, B 집단 대비 A 집단에서 국정 견제론이나 응답 유보 대신 국정 지원론 강화 효과가 나타났다. 두 실험 집단 간 차이엔 워딩 효과가 작동하기도 했지만, 두 조사기관 간 응답자의 정치 성향 차이에 따른 영향이 함께 존재했다.

당파적 태도가 확고한 일방적 정부 심판론자 및 일방적 야당 심판론자, 정치에 대한 관심과 참여도가 낮은 냉소층에선 두 집단 간 응답 변화가 크지 않은 것으로 나타났다. 이에 반해 태도 갈등층인 동시 심판론자에게선 강한 워딩 효과가 확인됐다.

한편 당파적 유권자에 비해 지지 정당이 없다는 무당층에서 총선 인식 질문 워딩에 따른 응답 분포 차이가 뚜렷한 것으로 조사됐다. 결국 워딩 효과가 명백하게 나타나는 집단은 다차원 태도 갈등층, 즉 여야 동시 심판론자와 무당층이었다.

전화면접 대 ARS:
정파성 신뢰성 정확성 비교

여론조사에 대한 활용이 늘어나고 이에 대한 보도가 증가하면서 표집틀이나 표집방법, 자료수집방식 등에 다양한 변화가 나타나고 있다. 특히 전화면접을 대체하는 자동응답시스템ARS 비중이 크게 높아졌다.

문제는 대통령 국정 수행 평가, 정당 지지율, 총선 구도 및 투표 선호 등에서 전화면접과 ARS조사 간 상이한 결과로 인해 혼신이 발생하고 있다는 것이다. 논란이 되고 있는 정치적 편향성, 신뢰성과 대표성, 정확성 측면에서 두 가지 자료수집방식을 비교 검토하고 있는 자료가 있어 소개한다.

자료수집방식에 따른 결과 차이를 정치적 편향으로 '공식화' 하는 경향이 있고, 특정 정파의 이해관계를 반영하고 있다는 의문이 제기되기도 한다. 그러나 이런 경향은 시점에 따라 또 자신의 유불리에 따라 다르게 나타난다.

가령, 불과 1년 전 '전화면접=이재명 유리, ARS=윤석열 유리' 공식이 정권 교체 이후엔 '전화면접=국민의힘 유리, ARS=민주당 유리'로 변화되었다. 결국 특정 자료수집방식과 정파성을 연결하는 건 성급한 일반화로 판단된다.

중앙선거여론조사심의위가 발간한 백서나 학계 연구를 보면 여론조사 품질 지표 측면에선 전화면접이 ARS보다 우수하다는 점에 대해선 논란의 여지가 없다. 어떤 방식으로 계산한 응답률이든 전화면접이 우월하고 가중배율값 역시 ARS보다 1에 더 수렴하고 있다.

그럼에도 응답률과 가중배율 등이 조사 결과의 정확성 및 편향성에 미치는 영향에 대해선 논쟁 여지가 있다. 전화면접은 양호한 품질 지표를 근거로 방법론적 원칙과 신뢰성을 강조하고 있지만, ARS의 경우 높은 응답률이나 낮은 가중배율이 더 정확한 결과를 보장하는 건 아니라고 반박한다.

선거여론조사에서 나타나는 저관여층 혹은 저관심층은 투표소에 가지 않을 가능성이 높다. 그래서 투표확실층에 가까운 고관여층 혹은 고관심층 여론을 대변하는 ARS가 실제 결과를 더 정확히 예측할 수 있다고 주장한다. '꿩 잡는 게 매'라고 실제 투표 결과에 대한 예측 정확성으로 자료수집방식을 평가하자는 거다.

이런 주장은 몇 가지 한계 혹은 조건이 있다. 첫째, 고관여층은 단독으로 전체 여론을 좌우할 만큼 비중이 높지 않다. 둘째, 고관여층 크기는 선거 시기나 정치적 상황에 따라 상당히 유동적이다. 셋째, 고관여층 못지않게 투표 참여율이 높고 다른 집단과 대비되는 독자적 정치성향을 띠고 있는 중관여층에 대한 분석이 빠져 있다. 넷째, 고관여층을 제외한, 가령 유동층이나 탈정파적 유권자가 박빙 승부에선 결정적 역할을 할 수 있다.

이례적 여론조사의 당연한 결과

2023년 9월 26일 국민의힘 싱크탱크 여의도연구원이 이례적인 여론조사2023년 9월 25일, 1,217명, 유무선 ARS, 응답률 1.8%를 긴급실시해 보도자료를 내놨다. '국민 81.8% '이재명, 혐의 적극 소명해야''라는 제목의 기사를 송고한 연합뉴스를 비롯해 많은 언론이 보도에 동참했다.

여의도연구원 여론조사는 투트랙인 것으로 알려져 있다. 공천 등 예민한 이슈는 외부 조사기관에 의뢰하지만, 내부적으로 필요할 때마다 비공개 자체 여론조사를 실시하기도 한다. 이번처럼 외부에 그 결과를 공개하는 경우는 흔치 않은 것으로 알고 있다.

질문지를 공개하지 않았기 때문에 몇 문항을 조사했는지 알수 없다. 언론 보도에 나와 있는 문항은 세 가지다. '더불어민주당 이재명 대표의 불체포 포기 특권 번복 논란', '21일 국회 본회의에서의 체포 동의안 가결' 그리고 '구속영장 실질심사를 받는이 대표의 향후 수사 협조'.

정치 쟁점을 다루고 있는 여론조사 상당수가 그렇듯이 앞의 두 질문 문항에 대한 의견엔 정파적 성향이 반영되어 있다. 불체포 포기 특권 번복에 대해선 '국민과 약속이므로 지키는 것이 바람직하다' 51.2%, '국민과 약속했더라도 지키지 못할 수 있다' 43.5%였다. 체포 동의안 가결에 대해서도 '민주적 절차에 따른 국회의원 다수의 의사 표시' 48.2%, '민주당의 내부 단결이 안 되어 생긴 배신행위' 46.7%였다.

　　마지막 질문은 사회적 바람직성을 묻고 있기에 이미 예상된 당연한 결과였다. 누구든 수사에 협조해야 하고, 피의자는 혐의 여부를 적극 소명하는 것이 바람직하기 때문이다. 반면 어떤 이유에서든 그런 일에 소극적으로 임해선 곤란하다고 생각한다.

　　사회적 바람직성 질문은 어떻게 대답해야 정답에 가까운지 다수 응답자들이 알고 있다. 그 결과 이 대표의 향후 수사 협조와 관련한 정답, 즉 '혐의를 적극적으로 소명하는 것이 바람직하다'는 의견이 81.8%에 달한 반면, '건강 등을 이유로 소극적으로 임할 수밖에 없다'는 의견은 13.4%에 불과했다.

RDD방식 민주당과 가상번호 무당층 일부 상쇄

동일 조사기관이 비슷한 시기에 실시한 두 번의 여론조사에서 정당 지지율, 특히 민주당 지지율이 달리 나타났다. 한국갤럽이 9월 10~12일 시사IN 의뢰로 우리 국민 1,000명을 대상으로 실시한 조사와 12~14일 자체 데일리 오피니언 558호2023년 9월 2주 1,000명을 대상으로 실시한 조사가 그것이다. 표본오차는 95% 신뢰수준에서 ±3.1%p, 응답률은 각각 8.2%, 14.6%였다.

첫 번째 조사시사IN으로 표기에선 국민의힘 35.1%, 더불어민주당 40.5%, 정의당 5.2%, 기타 정당 2.8%, 무당층 16.5%였고, 두 번째 조사오피니언으로 표기에선 국민의힘 33%, 민주당 32%, 정의당 5%, 기타 1%, 무당층 29%였다. 국민의힘은 큰 차이가 없지만, 민주당은 오차범위를 벗어난 차이를 나타냈다.

하루가 멀다 하고 실시 발표되는 조사 결과, 특히 대통령 및 정당 지지율은 조사기관에 따라, 또 자료수집방법에 따라 적지 않은 차이를 보여주고 있다. 그래서 헷갈린다거나 여론조사를 믿을 수 없다는 얘기를 자주 듣게 된다.

만약 동일 조사기관이 비슷한 시기에 동일 질문에 대한 조사를 실시하게 되면 결과 차이가 거의 없어야 한다. 그런데 이번처럼 조사 결과에 차이가 있을 경우엔 소위 '조사기관 효과'를 배제한 채 표집틀이나 자료수집방법, 질문 내용이나 형식으로 인한 효과 등을 두루 검증할 수 있는 기회가 된다.

한국갤럽은 지난 7월부터 기존의 RDD방식 대신 무선전화 가상번호를 표집틀로 사용하고 있다. 매주 실시 발표되고 있는 오피니언 조사가 후자의 방식을 통한 것이다. 참고로 무선 가상번호는 1개 당 326원부가세 별도을 주고 통신사로부터 구입해야 한다. 한국갤럽의 경우 매 조사 때마다 20,000개 번호를 구입하는 것으로 보고하고 있다. 따라서 부가세를 포함해 700만 원이란 추가 부담이 발생한다.

시사IN 조사는 이런 추가 비용을 회피한 채 예전의 RDD방식으로 조사한 것이다. RDD에 의한 시사IN 조사와 가상번호에 의한 오피니언 조사는 기본적으로 응답률 차이를 보여주고 있다. ARS조사에 비해선 높지만, 시사IN 조사 응답률은 8.2%였고, 오피니언 조사 응답률은 14.6%였다.

응답률 외 차이점은 무당층 규모로 16.5% 대 29%였다. 오피니언 조사가 100% 무선전화에 기반한 데 비해 시사IN은 무선 84.5%에 유선 15.5%가 추가됐다. 명확하게 검증된 건 아니지만 유선전화 응답자의 연령별 직업별 특성이 일부 반영된 것으로 보인다.

결국 한국갤럽이 비슷한 시기에 실시한 두 번의 여론조사, 즉 시사IN 조사와 오피니언 조사는 표집틀로 인한 응답률 차이가 불가피했다. 이로 인해 RDD로 진행한 시사IN 조사에서의 민주당 지지자 일부와 가상번호로 진행한 오피니언 조사에서의 무당층 지지자 일부가 서로 상쇄된 것으로 볼 수 있다.

시사IN 조사는 유무선 RDD, 오피니언 조사는 무선전화 가상번호를 표집틀로 사용했고, 둘 다 100% 전화면접방식으로 진행됐다.

무선 RDD 대신 무선 가상번호

한국갤럽이 7월부터 데일리 오피니언 표집틀을 이동통신 3사가 유료로 제공하는 무선전화 가상번호로 변경한다고 했다. 2012년 이래 표본추출 기본 프레임으로 활용해 왔던 무선전화 RDD를 바꾸겠다는 것이다.

한국갤럽은 데일리 오피니언 549호_{2023년 7월 1주}에서 세 가지 이유를 밝히고 있다.

첫째, 전화조사 응답률 급락과 무선전화 이용자 특성별 응답률 불균형 심화에 대응하기 위해서다. 둘째, 알뜰폰 이용자가 배제된다는 단점이 있지만, 응답자들의 성별 연령별 지역별 정보를 사전 반영해 조사설계를 하기 위해서다. 셋째, 정확한 조사와 공정한 여론 수렴 그리고 연구자들의 학습과 전문지식 향상에 기여하기 위해서다.

데일리 오피니언은 여러 가지 특장점을 가지고 있으면서 한국 여론조사의 질적 수준을 높이는데 크게 기여해 왔다. 특히 조사방법 측면에서 95% 신뢰수준에서의 오차범위 및 상대 표준

오차 제시, 50개 미만 사례 하위 표본에 대한 추정치 생략, 소수점 이하 첫째 자리 사사오입 표기이로 인한 백분율 합계 99% 혹은 101% 허용 등을 선도적으로 실행했다.

그러나 표본추출틀이 약점이었다. 6월까지 사용했던 무선전화 RDD 95%+유선전화 RDD 5% 방식은 통화 이후에야 비로소 응답자의 성별 연령별 정보를 파악할 수 있다는 점이 한계였다. 지난 10여 년간 15~20%를 유지했던 응답률이 최근 10% 내외로 낮아진 것도 단점으로 지적되고 있다. 데일리 오피니언 548호2023년 6월 5주 응답률은 11%였다.

2020년 7월 시작해 최근까지 100회 조사를 진행한 NBS가 무선전화 가상번호 표집틀을 사용하고 있는 것도 영향을 미쳤을 거다. 엠브레인퍼블릭, 케이스탯리서치, 코리아리서치, 한국리서치 4개 조사기관이 공동 진행하는 NBS가 표집틀과 응답률을 강점으로 내세우면서 데일리 오피니언의 10년 아성을 위협하고 있기 때문이다.

어려운 환경 속에서도 조사 의뢰자 없이 자체 비용으로 꾸준히 신뢰할 만한 조사를 만들어내고 있는 데일리 오피니언과 NBS에 격려의 박수를 보낸다. 만시지탄 느낌이 없는 건 아니지만, 지금부터라도 건전한 경쟁과 연구개발을 통해 조사기관 전체의 지속적인 발전에 기여했으면 한다.

'무엇이든 물어보는' 질문 자제해야(1)

여론조사 질문지 작성을 '예술'이라고 표현하는 경우가 있다. 누구나 만들 수 있지만, 어떤 경지에 이르기 힘든 영역이란 뜻일 것이다. 그래서 완성된 질문지에 대한 판단이나 평가가 여의치 않고 절대적 기준에 대한 합의도 쉽지 않다.

그럼에도 꼼꼼하게 챙기고 따져봐야 할 부분, 즉 질문지 작성 지침이 따로 마련되어 있다. 그중 "응답자가 대답할 능력이 있어야 한다", "응답자와 관계가 있어야 한다"는 두 가지 유의사항에 대해 알아보고자 한다.

법, 경제, 산업 등 정부 정책에 대한 질문은 많은 수요에도 불구하고 응답자가 응답할 능력이 없거나 그들의 일상적 삶과 무관한 경우가 많다. 가령, 최저임금, 에너지 정책 등이 여기에 해당될 것이다. 다음 4개 질문은 한국갤럽 데일리 오피니언 552호2023년 7월 4주 그리고 전국지표조사 리포트 101호2023년 7월 3주에 포함된 질문이다.

문) 최저임금위원회는 내년도 최저임금을 올해 시간당 9,620원보다 240원 오른 9,860원으로 결정했습니다. 귀하는 이번에 정한 최저임금에 대해 다음 중 어떻게 생각하십니까?

적정하다 / 높다 / 낮다 (항목 로테이션)

문) 이번 최저임금 결정이 우리나라 경제에 어떠한 영향을 줄 것이라고 보십니까?

긍정적 영향 / 부정적 영향 / 영향 없을 것 (순서 로테이션)

문) 한국의 에너지 정책이 앞으로 어떤 방향으로 나아가야 한다고 생각하십니까?

1. 원자력 에너지 산업을 육성해야 한다
2. 태양광 수소 등 신재생에너지 산업을 육성해야 한다

문) 최근 정부는 신규 원전 건설 추진을 사실상 공식화하였습니다. 귀하는 신규 원전 건설에 대해 찬성하십니까, 반대하십니까?

1. 찬성한다   2. 반대한다

각각의 질문들이 응답할 능력이 없거나 삶과 무관한 이유에 대해선 설명을 생략한다. 얼마든지 다르게 생각할 수 있기 때문이다. 다만 여론조사 질문지의 '무엇이든 물어보세요' 버전이 다음 두 가지 사실에 기인한다는 점은 강조하고 싶다.

첫째, 조사 의뢰자가 요구하거나 원하면 그게 무엇이든 물어

본다는 거다. 갑에 대한 예의라고 생각하거나 나름의 자존심 때문일 것이다. 의뢰자 요청을 전문가답게 잘 수용하는 알량한 자존심 대신 설득하거나 물리치는 담대한 자존심이 필요하리라 생각한다.

둘째, 질문자 위주의 조사, 즉 응답자를 고려하지 않는 무의식적 관행의 소산이라고 볼 수 있다. 실제 조사 현장에서 조사자-응답자 상호작용이 어떻게 이루어지고 있는지 모르거나 무관심하기 때문이다. 회사 내 또래 연구원들의 경우도 제법 다른데, 회사 바깥에 있는 각양각색의 응답자들은 얼마나 다를까에 대한 인식이 필요할 것이다.

'무엇이든 물어보는' 질문 자제해야(2)

어떤 질문이든 물어볼 수 있을까, 삼가야 할 질문이 있을까. 앞에서 응답 능력이 없거나 응답자 삶과 무관한 질문을 자제해야 한다는 점을 다룬 적이 있다. 가령, 법, 세금이나 금리 등 경제, 산업 관련 정부 정책에 대한 전문적 내용을 묻는 경우가 그렇다.

하나 더 추가해야 한다. 누가 봐도 당연하거나 응답 결과가 뻔한 경우 말이다. 제주 유나이티드 FC는 제주특별자치도 서귀포시를 연고지로 삼고 있는 프로축구단이다. 원래는 경기도 부천 SK였다. 제주로의 이전 당시 명분은 K리그 14개 구단 중 5개가 서울 및 수도권 지역에 밀집되었던 불균형을 해소하고 프로축구 시장 확대 발전을 꾀한다는 것이었다.

그러나 사실은 인천광역시에 위치하고 있던 모기업 SK주식회사 소유의 저유소 내 클럽하우스 부지가 매각되어 새로운 클럽하우스가 필요했다고 한다. 건설 비용을 줄이고 싶었는데 마침 서귀포시가 지원을 약속했고, 한국프로축구연맹의 승인을 받고 순식간에 이전이 이루어졌다. 그 과정에서 부천시 및 서포터즈와 합의가 없었기에 강한 반발이 일어났고, 여러 관련 단체가 항의 성명을 발표하기도 했다.

이때 등장한 것이 제주도민을 대상으로 한 여론조사였다. 당시 제주도민 85% 이상이 프로축구단 유치에 찬성했다. 열렬히 환영했다는 거다. 10번 이상 경기가 열리면 3.5회 이상 경기를 관람하겠다는 '어처구니없는' 결과가 포함되기도 했다. 굳이 반대해야 할 이유가 없는 여론조사 질문이었던 셈이다.

2023년 10월 30일 오후 김기현 국민의힘 대표가 경기도 김포시를 서울특별시에 편입하는 것을 당론으로 정하고자 한다고 밝혔다. 그러면서 "주민 의견이 가장 중요하니 김포시가 시민들의 의견을 모아서 절차를 진행하면 공식 당론으로 정하겠다"고 말했다. 이에 김포시장이 "여론조사 문항은 이미 준비해 놓은 상태"라며 "조만간 실시할 것"이라고 했단다.

어떤 결과가 예상되는가. 제주로의 프로축구단 연고지 이전과 비슷하지 않을까. 더 높은 찬성률이 나올 수도 있다. 여당 관계자도 그런 예상을 했다고 한다. "해당 도시 거주민에게 경기도민으로 남겠느냐, 서울시민이 되겠냐고 물으면 답은 뻔한 일"이라고 말이다.

조사기관 입장에서야 돈을 주면 어떤 여론조사든 가능하단 입장일 것이다. 응답 결과가 뻔하거나 당연한 질문을 묻는 건 누구나 할 수 있는 일이다. 찬반 이유, 세부 쟁점에 대한 반응, 반대 응답자를 보듬거나 설득하기 위한 대안적 해결책 마련 등에 초점을 맞추어야 여론조사 존재 의미가 있으리라 생각한다.

'의원정수 줄여야',
그래서 소선거구제 선호

    2024년 총선에 적용할 선거제 개혁을 앞두고 여론조사가 실시됐다. 한국갤럽 데일리 오피니언 535호_{2023년 3월 4주}에 따르면, 현재의 300명 의원정수 확대 주장에 대해 57%가 '줄여야 한다'고 답했다. '현재가 적당하다' 30%, '늘려도 된다'는 9%에 불과했다. 기존 국회의원 세비 총예산을 그대로 유지하더라도 정수를 늘려선 안 된다는 응답이 71%에 달했다.

    이어진 질문은 선거구제 개편, '작은 선거구에서 최다득표자한 명을 뽑는 현행 소선거구제' 52%, '현행보다 큰 선거구에서 순위대로 두 명 이상을 뽑는 중대선거구제' 32%였다. 다음은 이런 결과에 대한 한국갤럽의 해석이다.

지난 2014년 11월에는 중대선거구제49%가 소선거구제32%보다 더 많은 선택을 받아 선거제 개편에 대한 기대가 엿보였다. 그러나 이번 조사에서는 현행 소선거구제 유지 의견이 더 많아졌다. 이는 2020년 총선에 적용된 준연동형 비례대표제가 위성정당 창당 등으로 파행한 경험과 무관치 않아 보인다.

현재의 야당을 겨냥하는 듯한 뉘앙스가 있지만, 충분히 유효한 해석이다. 거대 양당 구도 완화 필요성, 지난 총선 때의 파행 경험 등이 조사 결과에 영향을 미쳤을 가능성이 있기 때문이다. 그럼에도 동의할 수 없는 점이 있다.

첫째, '질문 순서 효과'가 발생했다고 본다. 의원 정수 확대 주장, 세비 총예산 유지 상태에서의 확대 찬반 질문을 통해 반대 입장이 우세한 가운데 선거구제 개편을 물었다. 앞선 질문에서 표명했던 답변 추세가 일관되게 나타났을 가능성이 높다. 질문 내용과 상관없이 말이다.

둘째, 조사자의 시각과 사고를 이해하고 부응하는 응답자는 거의 없다. 질문 내용에 대해 조사자만큼 고민하고 응답하는 사람은 없다. 착각이자 실수다. 선거구제 개편과 관련된 많은 쟁점을 알고 있는 것은 물론 들어본 적도 없는 사람이 적지 않을 것이다. 2020년 총선 때 무슨 일이 있었는지 기억하고 있는 응답자도 별로 없을 거고.

조사자에겐 미안한 얘기지만, 대부분의 응답자들은 아무 생각이 없고 관심도 없다. 누가 갑자기 물어보니까 할 수 없이 고민하는 척하며 대충 응답할 뿐이다. 조사 의뢰자와 조사기관 입장에서 이해하기 힘들 것이다. 국가의 미래를 위해 중차대한 질문을 하는데 어떻게 그럴 수 있냐고 항변하고 싶겠지만, 어디까지나 조사자 입장일 뿐이다.

현행 소선거구제 유지 의견이 예전보다 더 많아진 이유가 단순할 수도 있다고 본다. 소선거구제는 '한 명을 뽑고' 중대선거구제는 '두 명 이상을 뽑는다'는 표현, 즉 두 명 이상 뽑기 때문에 의원정수가 늘어난다고 생각했을 가능성이 있다. 함부로 단정해선 안 되겠지만, 단순한 생각에 기초한 응답을 재료로 너무 치밀하게 분석하는 것이 오버일 수 있겠다는 생각을 해봤다.

역대급 무당층? "더 많을 것"

　최근의 정당 지지도 조사에서 '지지하는 정당 없음', 즉 무당층 비율이 역대급으로 늘어났다고 한다. 한국갤럽 데일리 오피니언 551호2023년 7월 3주에선 32%, 전국지표조사 리포트 101호2023년 7월 3주에선 39%로 나타났다.

　연이은 실책과 실망감 등으로 인해 민주당과 국민의힘 양당에 대한 지지가 떨어진 대신 무당층이 올들어 최고치에 달했다는 거다. 한국갤럽 조사의 경우 국민의힘 33%, 민주당 30%, 정의당 3%, 기타 정당 1% 순이고, NBS 조사의 경우엔 국민의힘 30%, 민주당 23%, 정의당 5%, 기타 정당 4% 순이다.

　역대급 무당층 비율에 다들 놀라워하고 있지만, 실제로는 이보다 수치가 더 높을 것이란 견해가 있다. 앞에서 소개한《한국의 여론 조사, 실태와 한계 그리고 미래》라는 책 저자들이 그렇다.

　위의 두 곳을 비롯한 우리나라 조사기관들의 정당 지지도 질문에 문제가 있다고 한다. 한국갤럽과 NBS 둘 다 지지 정당과 조금이라도 더 가까운 혹은 더 호감이 가는 정당을 구분하지 않고 한꺼번에 묻고 있는데, 이런 방식은 단지 선거 예측용이라는 거다. 평소 특정 정당 지지자에 대한 실질적 정보를 모르기 때문에 느긋하거나 독단에 빠질 가능성이 있단다.

저자들이 주장하는 요지는 유권자들이 일상적으로 지지하는 정당, 즉 당파적 태도를 측정할 수 있도록 설계되어야 한다는 것이다. 이를 위해선 먼저 지지 정당 유무를 묻고, 다음에 그렇다는 응답자에게만 어떤 정당을 지지하는지 물어야 한다고 했다.

저자들은 자신들의 주장을 입증하기 위해 서강대 현대정치연구소가 실시한 조사 결과를 제시하고 있다. 이를 토대로 당파적 유권자를 따로 구분하지 않고 있는 한국갤럽과 NBS 조사에서 집계된 정당 지지층 규모가 실제보다 과장되었다고 판단하고 있다.

정당 지지도 질문 내용이나 방법을 하나로 통일해야 한다는 건 아니다. 질문 양식이 다르더라도 미국이나 영국처럼 2개 질문으로 나누어 측정하자고 제안하고 있다. 첫 번째 질문에선 적극 지지층과 지지 정당 결정 유보층을, 두 번째 질문에선 소극적 지지층과 최종적인 무당층을 파악하는 형식으로 말이다.

윤 대통령 긍정·부정 평가,
"이유 없음"

한국갤럽 데일리 오피니언 527호2023년 1월 3주에 따르면, 윤석열 대통령 직무 수행에 대해 긍정 평가 36%, 부정 평가 55%로 나타났다. 한국갤럽은 "이번 주 긍정·부정 평가 이유 양쪽에선 '외교'가 최상위를 차지해 UAE·스위스 순방 관련해 상반된 시각이 엿보였다"고 밝혔다.

이런 언급을 언론이 고스란히 수용하고 있다. 가령, 연합뉴스 TV는 '한국갤럽 "윤대통령 국정 지지율 36%…긍정·부정 이유 모두 외교", 경향신문은 '지지율 36% 윤 대통령 "잘한 것도 외교, 못한 것도 외교"…한국갤럽 여론조사'라고 제목을 뽑았다.

한국갤럽과 언론 둘 다 안일하고 게으른 것으로 평가한다. 직무 수행 긍정·부정 평가자들이 특정 사안에 대해 상반된 시각을 보여주는 게 이번이 처음일까. 그렇지 않을 것이다. 그렇다면 기존 사안과 이번 UAE·스위스 순방에 대한 상대적 차이점을 보여줄 필요가 있다. 그저 "상반된 시각이 엿보였다"고 넘어갈 일이 아니다.

긍정·부정 평가자들이 내세우는 이유를 한 번이라도 제대로 살펴본 적이 있는지 모르겠다. 어떤 사안이든 평가 근거를 합리적이거나 명확하게 제시하지 않고 있다. 일방적으로 긍정적 혹은 부정적으로 간주한다. 말하기 수월하거나 당장 생각나는 이유를 골라 언급할 뿐이다.

한국갤럽이 매년 조사 발표하는 '한국인이 가장 좋아하는 것'과 유사하다. 가장 좋아하는 것이 아니라 지금 당장 기억나는, 결국 언론이 최근에 가장 자주 다루었던 쪽으로 응답하는 경향이 있다. 가장 좋아하는 나무 '소나무', 가장 좋아하는 소설가 '이외수', 가장 좋아하는 스포츠 '피겨스케이팅' 등등.

가장 잘 알고 있고 대답하기 수월한, 즉 '인지도'와 가장 좋아하는, 즉 '선호도'는 서로 무관하지 않지만 명백히 구별되어야 한다. 말이 나온 김에 덧붙이면, 가장 좋아하는 것을 물을 땐 가장 싫어하는 것도 동시에 물어봐야 한다. 극과 극이 서로 통하는 것처럼 가장 좋아하는 것 1위는 가장 싫어하는 것에서도 1위에 오를 가능성이 농후하기 때문이다.

윤 대통령 직무 수행 긍정·부정 평가 최우선 순위가 둘 다 '외교' 때문이라는 게 틀린 건 아니다. 조사 결과에 그렇게 나와 있으니까. 그러나 필자가 보기엔 "아무 이유 없다"이다. 아마 한국갤럽 다음 주 조사에선 '외교'가 후순위로 빠지거나 사라지지 않을까. '외교' 때문에 열광했거나 절망했던 응답자들은 킬리만자로의 표범이 아니다. 짐승의 썩은 고기를 찾아다니는 하이에나일 뿐이다.

열심히 조사해서 무료로 자료를 제공할 뿐이라는 걸까. 그리고 그저 주는 대로 받아쓴다는 걸까. 여론조사와 보도 퀄리티에 대해 이처럼 안일한 자세가 널리 퍼지면서 악화가 양화를 구축할 수밖에 없는 안타까운 환경으로 내몰리고 있다고 생각한다.

"좋은 게 좋다"는 잘못된 질문

중앙일보가 창간 57주년을 맞아 한국갤럽에 의뢰 실시한 여론 조사 질문 문항은 모두 16개다.2022년 9월 19일자 1면 참고 '윤 대통령 국정수행 지지율', '야당 탄압 및 정치 보복', '당면한 경제 과제' 등 현 정부의 부문별 현안을 두루 포함하고 있다.

정부 혹은 지자체 관련 정책 및 현안 조사에선 한 가지 유의해야 할 점이 있다. 사회적 바람직성, 즉 본인의 솔직한 생각에 비해 사회적으로 좀 더 바람직한 방향으로 응답하고자 하는 질문이 포함되지 않도록 해야 한다. 실제보다 훨씬 호의적인 응답이 나왔을 것으로 추정되는 질문은 다음 두 가지다.

문 9) 정부는 나라 살림 운영 기조를 기존의 재정 확대에서 재정건 전성 확보로 전환하면서 정부의 내년 총지출예산을 감축했습 니다. 이와 같은 정부의 재정건정선 확보 정책에 찬성하십니 까, 혹은 반대하십니까?

1. 찬성한다
2. 반대한다
9. 모름/응답거절

재정 확대 및 건전성 확보에 대해 우리 국민들이 얼마나 알고 있을까. 당연히 알고 있을 것으로 전제하는 잘못을 범하고 있다는 점을 우선 지적할 수 있다.

그러나저러나 '건전성'을 확보하는 것은 그게 어떤 것이든 좋은 일이다. 반대는 불건전성 아닌가. 지출 예산 감축 역시 잘 모르겠지만 바람직하다는 생각일 것이다. 예산을 증액하면 어떻든 부담이 늘어날 테니 말이다. 아무도 진실을 확인할 길이 없지만 실제보다 찬성 응답이 더 높아졌을 가능성이 있다. 의도 여부와 상관없이 결국 정부에 호의적인 결과가 도출되었으리라 본다.

문10) OO님께서는 전체 복지 지출을 줄이는 대신 기초수급자, 차상위계층, 장애인 등 취약계층을 두텁게 지원하는 정부의 복지 정책에 찬성하십니까, 혹은 반대하십니까?

1. 찬성한다
2. 반대한다
9. 모름/응답거절

사회적 약자를 돕는 일은 언제나 바람직하다. 기초수급자, 차상위계층, 장애인 등 취약계층을 '두텁게' 지원하는 것 역시 바람직할 수밖에 없다. 만약 그걸 반대한다면 이기적이거나 비정한 사람으로 취급될 거다. 반대하고 싶어도 쉽게 반대할 수가 없다. 이 문항 역시 실제보다 찬성 응답이 높아졌을 테고, 정부의 복지 정책에 대한 국민들의 호응이 높다는 홍보 자료로 활용될 수 있을 것이다.

완벽한 대안이라고 할 순 없지만, 방법이 전혀 없는 게 아니다. 그럼에도 불구하고 반대할 수밖에 없는 응답자들의 객관적인 논거를 함께 제공하는 방법이 있다. 찬성에 따른 추가적인 부담, 즉 1인당 세금 부담액 등을 대략적으로 보여주는 방법도 있고. 공짜 점심이 없다는 형식의 질문 작성방식을 고민해야 할 것이다.

부산 엑스포 유치 반대하는 사람

한국갤럽 데일리 오피니언 548호_{2023년 6월 5주}는 2030년 세계박람회, 즉 엑스포를 부산에 유치하는 것에 대해 다루고 있다. 부산 유치 찬반 여부를 묻는 질문도 포함하고 있는데, 어떤 의도를 가지고 있는지 또 응답 결과에 어떤 의미를 부여할지 궁금하다. 찬성 응답이 높다는 걸 모르지 않을 텐데, 아주 높거나 반대로 생각보다 낮을 경우 이를 어떻게 받아들일까.

엑스포 유치 찬반은 사회적 바람직성을 묻는 질문에 해당한다. 즉 실제보다 훨씬 윤리적이거나 바람직한 방향으로 응답하고자 하는 경향이 나타난다. 엑스포에 대해 잘 모르거나 관심이 없는 사람들까지 찬성으로 응답할 수 있다.

2018년 열렸던 평창 동계올림픽 유치 활동 때 찬반을 물었던 경우와 비슷하다. 전체 국민은 90%대 초반, 평창군민의 경우 90%대 후반이 나온 것으로 기억한다. "좋은 게 좋다"는 식의 과장된 찬성 응답은 한국의 사회문화적 특성과도 관련이 있다. 러시아 소치나 오스트리아 잘츠부르크 등 서구 경쟁 국가 및 도시에선 우리보다 찬성률이 낮았다고 한다.

노무현 전 대통령 시절 만들어졌던 '진실·화해를 위한 과거사정리위원회' 활동에 대한 질문도 마찬가지다. '잘못된 역사를 바로잡는 것'에 대해 찬반을 물었는데, 반대하기가 쉽지 않다. 반대한다고 응답하면 잘못된 역사를 정리하지 않고 그대로 둬야 한다는 사람이 될 테니까.

부산 엑스포 유치에 대해선 어떤 사람들이 반대할까. 부산·울산·경남에 비해 광주·전라 지역민, 국민의힘에 비해 민주당 지지자, 대통령 국정수행에 대한 긍정 평가자에 비해 부정 평가자가 좀 더 반대하지만, 어디까지나 상대적일 뿐이다. 지역, 계층에 관계없이 반대는 미미한 반면, 우리 국민 4명 중 3명 이상이 찬성하고 있다.

얼마나 많은 국민이 찬성하는지 알고 싶었을까. 아님 반대하는 지역이나 계층 집단을 알아내고 싶었을까. 엑스포 유치 이전이나 활동 초창기가 아닌 상황이기에 불필요한 질문을 했다는 생각이다. 11월 최종 발표를 앞둔 시점에서 굳이 조사를 해야 한다면 유치 실현 가능성, 유치로 인한 긍정 및 부정 효과 등에 대해 물어봤으면 어땠을까 싶다.

엑스포 관심,
'약간 있다' 대 '별로 없다'

한국갤럽 데일리 오피니언 548호2023년 6월 5주는 2030년 세계박람회, 즉 엑스포를 부산에 유치하는 것에 대해 다루고 있다. 관심 정도를 묻는 질문과 이에 대한 응답 결과는 다음과 같다.

문) 현재 우리나라는 2030년 세계박람회, 즉 엑스포를 부산에 유치하기 위해 경쟁 중입니다. 귀하는 부산 엑스포에 대해 관심이 있습니까, 없습니까?

1. 많이 있다 34%
2. 약간 있다 23%
3. 별로 없다 23%
4. 전혀 없다 16%
5. 의견 유보 3%

질문 문항엔 질문과 응답 항목 두 가지가 포함되어 있다. 당연히 질문이 중요하지만, 어떻게 구성하느냐에 따라 결과가 달라질 수 있으므로 응답 항목도 주목해야 한다. 4점 척도로 만들어진 위의 응답 항목에 대해 어떻게 생각하는가.

폐쇄형 응답 항목은 두 가지 형태가 있다. 첫째, 유무에 상관없이 중간 응답을 중심으로 좌우가 균형을 이루도록 만드는 경우다. 대통령 국정수행 평가의 경우가 그러하다. 매우 잘한다, 약간 잘한다 혹은 잘하는 편이다, 약간 잘못한다 혹은 잘못하는 편이다, 매우 잘못한다. 보통이다중간이다는 포함할 때도 있고 그렇지 않을 때도 있다.

네 가지 응답 항목을 굳이 수치나 점수로 환산하는 건 측정의 엄밀성 때문이다. 조사자에 따라 조금씩 가감이 있겠지만 '보통이다중간이다' 0을 중심으로 '매우 잘한다' 80~90점, '약간 잘한다잘하는 편이다' 30~60점 정도 될 거다. 부정적 평가, 즉 '매우 잘못한다'와 '약간 잘못한다잘못하는 편이다'는 각각 -80~-90점, -30~-60점 정도 될 것이다.

둘째, 중간 응답 없이 긍정이든 부정이든 한쪽 방향으로만 측정하는 경우가 있다. 엑스포 유치에 대한 관심도처럼 말이다. 긍정 혹은 부정을 떠나 관심 여부 혹은 정도를 묻고 있다. 이런 경우엔 각 응답 항목 간 일정한 간격을 유지할 필요가 있다. 서열을 넘어 등간척도가 되어야 한다는 뜻이다.

예시 질문의 응답 항목을 수치나 점수로 환산하면 어떻게 될까. 관심이 '전혀 없다'는 0~5점 정도이지 않을까. 관심이 '많이 있다'는 어느 정도가 적당할까. 100점은 아닐 테고, 대략 70~90점 정도 아닐까 싶다.

문제는 그 중간에 있는 응답 항목이다. '약간 있다'와 '별로 없다'는 어느 정도 수치점수가 적당할까. 관심이 없는 건 아니지만, 약간 있는 경우와 별로 없는 경우에 얼마나 차이가 있을까. 만약 두 항목 간 차이가 애매하거나 심지어 비슷하다면 이 질문 문항은 잘못 만들어졌을 가능성이 있다. 응답 항목 둘을 하나로 합치는 게 맞다고 본다. 30~50점 정도에 해당하는 표현으로 말이다.

사족으로 하나만 더 말하면, '부산 엑스포에 대해'라는 부분이 좀 불명확하다고 생각한다. 자칫 '부산에서 엑스포가 개최되는 것에 대해'라고 오해할 수 있을 것이다. '엑스포를 부산에 유치하고자 하는 것에 대해'가 정확한 표현이라고 본다.

추석 민심 여론조사 질문지 검토

KBS, MBC, YTN 세 방송사가 제각기 조사기관에 의뢰해 추석 민심 여론조사를 실시 발표했다. 일부 항목에 차이가 있기도 하지만, 조사 내용이 비슷해 비교 분석하기에 좋은 기회를 제공하고 있다. 셋 중 특히 KBS-한국리서치 질문지를 집중적으로 살펴봤다.

우선 질문량이 많다. 응답자 선정 및 배경 질문 7개를 빼고도 총 18개였다.MBC 15개, YTN 11개 장관 인사, 문재인 정부 통계 감사, 외교 정책 등 제법 난이도가 있는 질문을 포함해서 말이다. 조사에 따라 가변적이지만, 전화면접 질문량은 대개 10여 개 전후, 많아도 15개 정도다. 20개에 가깝게 되면 응답자들의 피로감이나 부담이 늘어나고 응답률 하락, 무응답, 중도 탈락 등으로 인해 조사의 신뢰도가 떨어질 수 있다.

장관 인사에 대한 평가

윤석열 대통령은 신임 국방부 장관 후보자로 신원식 국민의힘 의원을, 문화체육관광부 장관 후보자로 유인촌 대통령 문화체육특별보좌관을, 여성가족부 장관 후보자로 김행 전 국민의힘 비상대책위원을 지명했습니다. 선생님께서는 이번 장관 인사에 대해 어떻게 생각하십니까?

장관 인사에 대한 평가는 쌍렬식 질문에 해당한다. 세 명의 장관 후보에 대한 응답자들의 반응이 동일할 것이란 가정을 하고 있다. 하나의 질문에 두 가지 이상의 요소를 한꺼번에 묶어서 평가하도록 해선 곤란하다. MBC-코리아리서치 조사처럼 세 명의 후보 각각에 대해 적절성 여부를 응답하도록 해야 한다.

2024년 국회의원 선거 현직의원 지지 여부
문) 내년 4월 예정되어 있는 국회의원 선거에서 현재 거주하고 계시는 곳의 지역구 국회의원이 다시 출마한다면 뽑으실 의향이 있습니까?

국회의원 선거 현직의원 지지 여부는 현역 교체에 대한 유권자의 의지를 평가하기 위해서다. 교체율이 유지율보다 높게 나오는 특징이 있다. 그 강도를 파악하고자 의도는 알겠지만, 4개의 응답 항목 간 거리가 비슷해야 한다. 반드시 뽑을 것이란 응답과 뽑을 것이란 응답 간 거리는 짧은 데 비해 뽑을 것이란 응답과 안 뽑을 것이란 응답 간 거리가 너무 벌어져 있다.

강한 긍정과 약한 긍정으로 구분할 수 있는 표현이어야 한다. 가령, '매우 동의한다', '동의하는 편이다'처럼 말이다. 만약 응답 항목을 퍼센트로 환산하면 어느 정도일까. '반드시 뽑을 것'은 95% 이상일 것이다. 그럼, '뽑을 것'이란 응답은? 적어도 80% 전후 아닐까. '안 뽑을 것'이란 응답은 20% 미만일 테고.

후쿠시마 오염수 해양 방류 이후 수산물 섭취량 변화
문) 선생님께서는 일본 정부의 후쿠시마 오염수 해양 방류 이후 앞으로 수산물 섭취에 어느 정도 변화가 있을 것으로 생각하십니까?

후쿠시마 오염수 해양 방류에 대한 우려 여부를 질문한 이후 수산물 섭취량 변화를 추가로 묻고 있다. 확인 사살인 셈이다. 결국 예전에 비해, 즉 오염수 해양 방류 이후 수산물 섭취가 줄었는가에 대한 질문이다. 그런 점에서 '이전보다 늘 것'이란 항목은 불필요하다. 또 평소 수산물 섭취와 무관한 식습관을 가진 응답자들은 '별 차이가 없을 것'이라고 답할 텐데, 이들 때문에 해양 방류를 우려하지 않는다는 응답이 실제보다 부풀려질 가능성이 있다.

추석 민심 여론조사 차이 규명

추석 민심 여부에 대해 회의적인 사람들이 있다. 연휴 기간 혹은 그 이후에 실시하는 것도 아니다. 그럼에도 이를 통해 내년 4월 총선을 전망하고 싶어 하는 사람들이 적지 않다. 문제는 추석 민심 여론조사에 차이가 있어서 혼란스럽다는 것이다. 정당 지지율에서 가장 큰 차이를 보여주고 있는 여론조사 2개를 중심으로 그 이유를 살펴봤다.

NBS는 우리나라 메이저급 조사회사 네 곳이 격주 단위로 실시하고 있는 조사다. 9월 두 번째 조사는 이들 중 한국리서치-케이스탯리서치가 25~27일 국민 1,002명을 대상으로 했다. 정당 지지율의 경우 국민의힘 33%, 민주당 27%, 무당층 31%였고, 응답률은 20.0%였다.

NBS에 참여하고 있는 네 개 조사회사 중 하나인 엠브레인은 25~26일 YTN 의뢰로 국민 1,002명을 대상으로 한 조사를 실시했다. 전화면접에다 휴대전화 가상번호 표집틀 등 NBS와 동일한 방식을 사용했음에도 불구하고 국민의힘 27.0%, 민주당

34.4%, 무당층 36%로 나왔고, 응답률은 11.4%에 그쳤다.

국민의힘과 민주당 지지율이 정반대로 나온 이유는 몇 가지로 추정해 볼 수 있다.

첫째, 응답률 차이. NBS 대 엠브레인 응답률은 20.0% 대 11.4%였는데, NBS 조사 기간이 엠브레인보다 하루 더 길었다. 응답률이 낮은 경우 고관여층 위주로 조사가 이루어졌을 가능성이 있고, 이런 상황에선 민주당 지지율이 상대적으로 높게 나오는 경향이 있다.

둘째, 무당층 차이. 응답률과 무당층의 관계로 볼 때 엠브레인 조사는 예외적 사례에 속한다. 응답률이 상대적으로 낮았는데도 무당층 비율이 높게 나타났다. 반야당 정서가 일부 포함되어 있지만, 무당층은 반여당 반정치적 정서가 강한 특징을 가지고 있다. 만약 다른 조사처럼 재질문을 했더라면 무당층 비율이 줄어들었을 가능성이 있다.

셋째, 질문 순서 효과. 대다수 조사들이 대통령 지지율을 정당 지지율보다 먼저 묻는다. 그런데 정당 지지율을 대통령 지지율보다 먼저 물을 경우 전화면접은 물론 ARS에서도 민주당 지지율이 높게 나타나는 경향이 있다.

수신료 납부 개선 찬성 96%,
여론 아니다

2023년 3월 9일부터 1개월 동안 대통령실 홈페이지 국민제안 코너에서 수렴한 국민 의견이 일제히 소개되고 있다. TV수신료를 전기요금 항목으로 의무 납부하는 방식은 개선이 필요하다는 데 대해 추천찬성이 96%로 나왔다고 한다. 중앙일보 보도에 따르면, 이런 결과에 힘입어 "국민의 뜻을 따를 것이다. 확실하게 손을 보겠다"고 했단다.

과연 '찬성 96%'가 국민의 뜻일까. 많은 국민들이 찬성할 것이라고 예상하지만, 선뜻 동의할 수 없는 점이 있다.

첫째, 대통령실 홈페이지를 방문했던 사람들이 과연 우리 국민을 대표할 수 있을까. 이들 대다수가 대통령 혹은 여당을 지지하는 사람일 것이다. 또 국민제안 코너를 통해 응답한 사람은 좀 더 강한 지지 성향을 가졌을 것이다.

만약 특정 조사기관이 일반 국민을 대상으로 동일 내용의 조사를 했다면 어떤 일이 벌어졌을까. 각종 현안에 대한 여론조사에서 알 수 있듯이 여야 지지자들끼리 극단적으로 의견이 나뉘지 않았을까. 야당 지지자들은 수신료 분리 징수에 대해 찬성하면서도 정작 반대쪽으로 응답하는 사람이 다수일 것이다. 결국 96%라는 수치가 나올 수 없다는 얘기다.

둘째, KBS 수신료 분리 징수는 사회적 바람직성을 묻는 질문으로 실제보다 과장 응답했을 가능성이 있다. 새로운 디지털 환경에 적합하지 않을 뿐 아니라 전기요금과의 합산 역시 불합리한 측면이 있다. 아날로그에서 디지털로의 전환, 불합리한 측면 개선이란 점에 대해 반대하기가 쉽지 않으므로 찬성 응답이 부풀려졌을 가능성이 있다는 거다.

이와 관련해 하나의 응답 항목에 90% 이상 답변이 몰리면ㄱ 걸 어떻게 예상하느냐고 항변하겠지만 어떤 의도를 의심해야 한다. 너무 당연한 것, 즉 변수가 아니라 상수에 대해 물었기 때문이다. '찬성 96%'란 결과적으로 극히 일부를 제외한 대다수, 즉 거의 모든 국민이 찬성할 수밖에 없는 걸 질문한 셈이다. 여론조사를 통해 의견이나 태도 변이를 파악하기에 부적합한 질문 말이다.

TV수신료 분리 징수가 시행되면 1994년 통합 징수 이후 29년 만에 '비정상의 정상화'가 이루어지는 것이라고 했다. 어떤 이유 때문에 파행적 상황이 오랜 기간 유지되었는지 모르겠지만, 정상화로 가기 위한 판단이나 정책 집행이 좀 더 과학적이고 객관적인 방식에 근거했으면 좋겠다는 생각이다.

방송3법 개정안 및
이재명 사법리스크 설명 여부

문) 방송3법 개정안은 공영방송 이사회를 확대해 정치권의 입김을 제한하는 측면이 있지만, 일각에선 방송 편파성이 심화될 수 있다고 주장하고 있습니다. 이 법안에 대해 어떻게 생각하십니까?

    1. 찬성한다 2. 반대한다

문) 이재명 대표의 사법리스크에 대해서는 어떻게 생각하십니까?

    1. 매우 크다 2. 어느 정도 있다 3. 거의 없다 4. 전혀 없다

첫 번째 질문, 방송3법 개정안은 '김어준의 다스뵈이다' 286회2023년 11월 17일에 포함된 것이다. 김어준은 자신의 유튜브 방송에서 이 질문을 여론조사심의위원회여심위가 기계적 균형을 맞추라고 해서 만들어진 '나쁜 질문'으로 규정하고 있다.

이슈가 무엇인지, 뭐가 문제인지 드러나지 않도록 만들었기 때문에 응답자들이 무슨 말인지 알 수 없고, 그래서 심지어 민주

당 지지자들까지 찬반41.8% 대 36.3% 응답에 차이가 나타나지 않았다는 거다.

방송3법 개정안이 왜 필요한지에 대해 당위성을 설명해야 좋은 질문이란 얘기인 거 같다. 그래야 민주당 지지자들이 더 많이 찬성했을 것이고, 그런 결과가 나와야 좋은 질문이란 주장이다.

두 번째 질문, 이재명 사법리스크는 데일리안-여론조사공정 2023년 11월 13~14일에 포함된 것이다. 첫 번째 질문과 비교해 어떤 느낌이 드는가. 기계적 균형을 포함한 설명도, 김어준 얘기처럼 이슈나 문제의식을 포함한 설명도 없다. 불필요한 오해 소지는 없지만, 구체적인 내용을 모른 채 응답할 가능성이 있다.

역시 정답은 없다. 조사 의뢰자의 목적 및 조사자에 따라 다를 수밖에 없다. 자세히 설명하면 내용을 알고 응답할 수 있지만, "아 다르고 어 다르다"는 옛말처럼 설명 과정에서 어떤 의도가 담길 수 있다.

하나의 질문은 질문 문항과 응답 항목으로 구성되어 있다. 응답 항목도 살펴야 한다는 얘기다. 객관식으로 묻는, 즉 폐쇄형 질문에 대한 응답 측정은 4가지 척도 중 하나를 사용한다. 명목, 서열, 등간, 비율척도가 그것이다. 명목에 가까울수록 응답자 부담이 줄어들지만, 조사자는 비율에 가까운 척도를 선호한다. 많은 정보를 얻을 수 있고 통계적 분석도 다양하게 할 수 있기 때문이다.

이재명 사법리스크 질문은 '매우 크다'부터 '전혀 없다'까지 4개의 응답 항목을 제시하고 그중 하나를 선택하도록 되어 있다. 서열을 넘어 등간척도를 지향하고 있는 걸로 보인다. 그렇게 되면 응답 항목 4개의 거리가 비슷해야 한다.

과연 그런지 백분율로 한번 추산해 보자. '매우 크다'는 몇 %쯤일까. 80% 이상, 90% 가까이 되지 않을까. '전혀 없다'는 0~5%쯤일 테고, '거의 없다'는 10% 전후, '어느 정도 있다'는 50%가 넘을까. 그렇지 않을 거다. '조금' 있다는 것이니까 20~30% 내외 아닐까 싶다.

결국 응답 항목 4개가 일정한 거리를 확보하지 못하고 있는 셈이다. 서열척도로 만족하면 모르겠지만, 등간척도로 간주하긴 어렵다고 본다. 어떤 대안이 있는지에 대해선 나중에 다시 언급할 기회가 있으리라 생각한다.

신당 창당 & 중진 험지 출마,
어느 정당?

문 5. 내년 4월 총선을 앞두고 여야를 막론하고 신당 창당 움직임이
이어지고 있는데요. 만약 신당이 만들어지면, 선생님께서는
지지할 의향이 있으십니까?

문 6. 최근 여야 정치권에서는 당 지도부와 다선 의원들은 내년 총
선에서 자신의 지역구가 아닌 험지에 출마해야 한다는 요구
가 있습니다. 선생님께서는 어떻게 생각하십니까?

문 7. 의과대학 정원 확대 문제를 놓고 대한의사협회는 정부의 일
방적인 의대 정원 확대에 반대하며 '의료 총파업' 가능성까지
열어 놓고 있는데요. 선생님께서는 이러한 의협의 대응에 대
해 어떻게 생각하십니까?

연합뉴스/연합뉴스TV가 2023년 12월 2~3일 매트릭스에 의
뢰해 우리 국민 1,000명을 대상으로 실시한 여론조사 질문지

중 일부다. 앞의 두 질문은 특정 인물이나 정당을 구분하지 않고 한꺼번에 묻고 있다. 문 5의 경우 민주당 쪽에선 이낙연 전 대표, 국민의힘 쪽에선 이준석 전 대표가 신당 창당을 모색하고 있고, 이들과 김종인 전 비대위원장까지 아우르는 신당 얘기도 나오고 있다.

당연하겠지만, 각각의 신당에 대해 유권자들, 특히 민주당과 국민의힘 지지자들의 반응이 제각각이다. 비슷한 시기2023년 12월 1~3일에 고성국TV-한국여론평판연구소KOPRA가 실시한 여론조사에 따르면, 김기현 이재명 양당 대표를 대상으로 한 불출마/험지 혹은 지역구 출마 여부에 대한 의견이 확연히 다르게 나타났다.

특정 인물이나 정당을 구분하지 않게 되면 양당 지지자 응답이 '평탄화'를 통해 비슷하게 나오게 된다. 실제로 문 5의 경우, 전체 응답자의 지지 여부가 25% 대 68%였고, 민주당 및 국민의힘 지지자도 각각 25% 대 70%, 19% 대 77%로 거의 차이가 없었다.

문 6도 마찬가지다. 지도부를 비롯해 중진 및 다선 의원들을 대상으로 한 험지 출마 요구는 양당 모두에게 해당된다. 소위 내로남불, 즉 "니가 가라 하와이"란 영화 '친구'의 대사처럼 상대방 정당에게 등을 떠밀고 있는 현상이 나타나고 있다.

질문 속에 특정 정당을 명시해야 양당 지지자들의 입장 차이를 제대로 파악할 수 있다. 그렇지 않으면 전체 응답자 동의 여부51% 대 39%와 양당 지지자의 응답 결과 간 차이를 감지하기 어렵다. 험지 출마 요구에 대한 민주당 지지자의 동의 여부는 51%

대 44%, 국민의힘 지지자는 56% 대 36%였다.

문 7은 하나의 질문에 두 가지 내용을 함께 묻는, 즉 쌍렬식 질문에 해당한다. 대한의사협회의 대응에 대한 찬반 여부를 묻고 있는데, 여기엔 의대 정원 확대와 총파업 두 가지가 포함되어 있다.

두 가지 내용에 대한 찬반 여부가 동일할 수도 있다. 그렇다면 응답하는데 문제가 없다. 그러나 의협이 정원 확대에 반대하는 것에 대해선 찬성하더라도 총파업으로 나아가는 것에 대해선 반대할 경우 어떻게 반응해야 할지 헷갈릴 수밖에 없다. 처방은 간단하다. 둘을 분리해서 각각 질문하면 될 것이다.

연합뉴스/연합뉴스TV-매트릭스 조사는 무선가상번호CATI 전화면접방식으로 실시했다. 오차범위는 95% 신뢰수준에서 ±3%p, 응답률은 11.9%였다.

전경련 여론조사 트집 잡기

삼성 SK 현대차 LG 등 4대 그룹이 다시 합류한 한국경제인 협회한경협라는 단체를 들어봤는가. 우리에겐 전국경제인연합회 전경련란 예전 명칭이 더 익숙하다. 한경협을 검색해도 전경련 홈페이지가 나오고 있다.

이들이 새롭게 시도하고 있는 활동 중 하나가 여론조사인 것 같다. 일전엔 한미정상회담에 대한 여론조사를 실시해 우리 국민 4명 중 3명이 긍정적으로 평가했다는 결과를 발표한 적이 있다.

최근엔 모노리서치에 의뢰해 '대기업의 국가 경제 기여도 인식조사' 결과를 발표했다.2023년 8월 9~16일, 1,005명, 온라인패널 연합뉴스 등 대다수 언론이 보도한 바에 따르면, 우리 국민 5명 중 3명58.3%이 대기업에 대해 호감을 가지고 있다고 했다. 비호감 8.6%, 나머지 33.1%는 중립적이라고 답했다. 10년 전과 비교한 질문에선 대기업에 대한 호감도가 '높아졌다' 41.0%, '낮아졌다' 9.6%, '변화 없다' 49.4%였다.

몇 가지 지적하고 싶은 게 있다.

첫째, 사회적 바람직성 질문으로 인해 실제보다 더 호의적인 결과를 얻은 것으로 보인다. 삼성전자 SK하이닉스 현대차 LG화학 등 유수의 대기업들이 국가 경제에 기여한 것을 기본적으로 전제하고 있다. 여론조사를 통해 호감의 크기가 어느 정도인지, 즉 긍정 평가가 얼마나 되는지 알아보기 위한 조사인 셈이다.

둘째, 응답 항목에도 문제가 있다. 전체는 물론 수출, 투자, 일자리 창출고용, 국민소득 증대, 혁신, 사회적 책임 수행 등 분야별 기여도 질문 응답 항목은 5점 척도로 구성되어 있다. 즉 '매우 기여', '약간 기여', '보통', '별로 기여하지 않음', '전혀 기여하는 바 없음'.

5개 응답 항목 각각의 상호배타성이 미약하다. 특히 '약간 기여', '보통', '별로 기여하지 않음'은 기여 정도를 측정하는데 있어서 차별성이 거의 없다. '보통'과 '약간 기여'는 순서를 바꾸더라도 문제가 없을 거 같다. 응답 항목을 줄이거나 통합해야 한다. 게다가 강한 부정에 해당하는 '전혀 기여하는 바 없음'은 강한 긍정에 해당하는 '매우 기여'와 비교해 표현의 상대적 강도가 강하기 때문에 선택하기가 쉽지 않다.

과거와 비교해 현재를 묻는 건 금기까진 아니더라도 흔히 사용하는 질문방식이 아니다. 조사자 입장에서야 수월하지만 응답자 입장을 덜 고려하고 있기 때문에 타당성이 떨어진다. 2013년 즈음에 대기업이 당시 국가 경제에 얼마나 기여했는지 기억하고 있는 응답자는 없을 거다. 그럼에도 불구하고 그때와 현재를 비교 평가해 달라고 요구한 셈이다.

10년 전 당시의 통계적 수치와 현재를 비교해야 한다. 실제로 전경련 보고서가 존재하고 있다. 2012년 12월에 발표된 이슈 페이퍼 194호 즉 '주요 지표를 통해 본 국내외 기업의 국가 경제 기여도'가 그것이다. 동일한 방식으로 수치를 만들어내면 얼마든지 객관적이고 신뢰할 만한 비교가 가능하다. 그런데 굳이 여론조사를 통해 호의적인 결과를 만들어냈다. 모르고 있는 건지, 알면서도 이런 방식을 취한 건지, 모를 일이다.

원청과 하청의 임금 및 근로조건 격차

문) 원청회사와 하청회사의 임금 및 근로조건 등에 대한 격차가 있
　　다고 생각하십니까?

　민주노총이 서던포스트에 의뢰해 11월 16일 우리 국민 1,013
명을 대상으로 전화면접방식으로 조사한 질문 중 하나다. 원청
과 하청 관계에서의 부당한 대우 유무, 원청 사용자의 책임을 강
화하는 내용의 노동조합법 2조 개정, '노란봉투법'으로 불리는
노동조합법 개정, 대통령의 거부권 행사 등에 대한 질문들이 이
어지고 있다.
　발주업체로부터 직접 수주한 원청회사는 단독으로 프로젝트
를 진행하는 것이 물리적으로 불가능한 경우가 대부분이다. 정
해진 기간 내에 사람을 충분히 동원할 수 없고, 다양한 전문성을
커버하기도 어렵기 때문이다. 여러 하청회사에 프로젝트를 배
분해야 하는데, 그런 과정을 거치면서 구조적으로 임금 및 근로
조건에 대한 격차가 발생할 수밖에 없다.

어쩌면 당연하다고 받아들일 것이다. 원청은 물론 하청회사까지도 말이다. 그래서 위의 질문은 아주 당연한 것을 묻는, 즉 하나의 응답에 90% 이상의 답변이 몰릴 가능성이 있으므로 어떤 의도를 가지고 있거나 잘못 질문한 경우에 해당한다.

불필요한 질문으로부터 시작해 민주노총의 의도를 반영할 수 있는 일련의 질문들이 이어지고 있다. 노란봉투법으로 불리는 노동조합법 개정이 필요하단 응답이 우리 국민 10명 중 7명에 이른다는 결과를 얻어냈고, 이를 토대로 20일 노조법 개정과 대통령거부권 행사에 대한 대국민 여론조사 발표 기자회견을 가지기도 했다.

굳이 여론조사라는 형식을 빌려야 했을까. 객관적이고 신뢰할 만한 방식으로 국민들의 여론을 수렴하지 않았음에도 불구하고 말이다. 그런 여론조사 질문지를 기꺼이 제공하고 또 조사를 수행한 회사를 지켜볼 수밖에 없는 것도 안타깝고 답답한 심정이다.

비정치적 이슈도 정치적으로 응답

정치적으로 예민한 이슈를 물을 경우 정파적으로 답하는 건 당연하다. 가령, 이태원 10·29 참사에 대한 국정조사 요구나 희생자 명단 공개, MBC 기자 전용기 탑승 배제 등이 그렇다. 그러나 사회적 약자 포용성이란 비정치적 이슈마저 정치적으로 반응하는 건 지나치다.

첫 번째 표는 엠브레인퍼블릭 등 4개 조사기관이 공동으로 실시한 전국지표조사 리포트 84호2022년 11월 3주 결과 중 일부다. '우리 사회가 장애인, 외국인 근로자, 결혼 이주민 등 사회적 약자를 포용하고 있는가'에 대해 긍정매우 그렇다+그런 편이다 및 부정그렇지 않은 편이다+전혀 그렇지 않다 응답을 정리한 것이다.

국민의힘 지지자와 대통령 국정수행 호의적 평가자는 우리 사회가 사회적 약자를 포용하고 있다는 쪽으로 응답한 반면, 더불어민주당 지지자와 대통령 국정수행 비호의적 평가자는 그렇지 않다는 응답이 상대적으로 높은 편이었다. 가령, 장애인 포용에 대해 국민의힘 지지자65%와 대통령 국정수행 호의적 평가자

69%는 긍정적으로 답한 반면, 민주당 지지자68%와 국정수행 비호의적 평가자66%는 부정적 답변이 더 높았다.

이번 정부 출범 이후 두드러진 정파적으로 차별화된 응답 현상이다. 이전 정부에선 그렇지 않았다. 비정치적 이슈에 대해선 정파를 초월한 응답 경향을 보여줬다.

		긍정 응답	부정 응답
장애인	더불어민주당	30	68
	국민의힘	65	30
	대통령 호의적	69	27
	대통령 비호의적	31	66
외국인 근로자	더불어민주당	40	58
	국민의힘	66	28
	대통령 호의적	67	29
	대통령 비호의적	41	56
결혼 이주민	더불어민주당	42	53
	국민의힘	66	27
	대통령 호의적	68	25
	대통령 비호의적	41	53

두 번째 표는 동일 조사기관들이 동일 질문을 사용해 2년 전, 즉 2020년 11월 5~7일1,002명 실시한 전국지표조사 리포트 9호의 결과다. 더불어민주당과 국민의힘 지지자 그리고 대통령 국정수행에 대한 호오 평가에 상관없이 비슷한 응답 성향을 보여줬다. 가령, 장애인 포용에 대한 긍정/부정 응답에서 민주당44% 대 54%과 국민의힘45% 대 51% 지지자 간 차이가 거의 없고, 대통령 국정 수행 호오 평가41% 대 57%; 42% 대 55%에 따라서도 별다

른 차이가 없었다.

		긍정 응답	부정 응답
장애인	더불어민주당	44	54
	국민의힘	45	51
	대통령 호의적	41	57
	대통령 비호의적	42	55
외국인 근로자	더불어민주당	45	53
	국민의힘	48	46
	대통령 호의적	42	54
	대통령 비호의적	44	51
결혼 이주민	더불어민주당	49	47
	국민의힘	57	34
	대통령 호의적	47	48
	대통령 비호의적	50	41

정치에 대한 높은 관심은 충분히 이해하지만, 지나친 건 경계
해야 한다. 대화와 타협이 어려워질 수 있기 때문이다. 적어도
정치적 이슈와 비정치적 이슈 간 구분이 필요할 텐데, 그런 경계
가 갈수록 희미해지는 것 같아 걱정스럽다.

'자유롭고 공정한 선거'를 찾습니다

우리 국민 1,000명을 대상으로 12~14일 실시 발표된 한국갤럽 데일리 오피니언 558호2023년 9월 2주엔 내년 11월 미국 대통령선거에 관한 내용이 포함되어 있다.표본오차 95% 신뢰수준 ±3.1%p, 응답률 14.6% 이번 조사는 무선전화 가상번호를 표집틀로 사용해 100% 전화면접방식으로 진행했다. 한국을 포함해 국가별 여론을 비교하기 위한 용도로 추후 글로벌 조사 결과를 공개할 예정이라고 한다.

그런데 두 가지 질문 중 하나가 이해하기도 어렵고 좀 애매하다. '현재의 미국 선거제도로 자유롭고 공정한 선거를 치를 수 있다고 보십니까, 그렇지 않다고 보십니까?'

우선 '현재의 미국 선거제도', 즉 주별로 선거인단을 뽑아 이들이 대통령을 선출하는 방식을 제대로 알고 있는 사람이 그리 많지 않다. 독특한 방식 때문에 국민 여론에서 앞섰던 힐러리 클린턴이 도널드 트럼프에게 패배하는 결과도 이해하기 어려울 것이다.

'자유롭고 공정한 선거'는 어떻게 받아들였을까. 공정하고 민주적인 선거를 위한 4대 원칙, 즉 보통, 평등, 직접, 비밀 선거를 말하는 걸까. 아니면 자유롭고 공정한 선거를 치르기 위한 별개의 원칙이나 관행이 있다는 걸까. 현행 미국 선거제도를 알더라도 실제 현장에서 이루어지고 있는 모습을 어떻게 파악해서 응답할 수 있을까.

이런 문제점과 한계로 인해 세 가지 응답 항목에 골고루 배분된 결과가 나온 것으로 보인다. 현재의 미국 선거제도로 자유롭고 공정한 선거가 '가능하다' 41%, '그렇지 않다불가능하다' 33%, '모름/응답거절' 27%였다. 응답자가 질문 내용을 제대로 이해할 수 없거나 이해하지 못했을 때 나오는 전형적인 3분할 응답 결과 패턴이다.

한편 미국 대통령선거 선호 후보 질문에선 민주당 조 바이든 52%, 공화당 도널드 트럼프 24%로 나타났다. 클린턴-트럼프 사례에서 알 수 있듯이 특정 후보가 앞선다고 해서 당선된다는 보장이 없다. 게다가 선거가 1년 이상, 즉 14개월이나 남았고, 두 후보가 최종적으로 확정되기까지 적지 않은 난관이 예상되기 때문에 그저 그러려니 하면 된다. 그렇다고 미국 대통령의 중요성을 무시하는 건 아니다.

금리 인상 "고마해라 마이 무따 아이가"

여론조사의 신뢰성과 정확성을 달성하기 위한 두 가지 핵심 중 하나가 질문지다. 최근엔 여론조사의 질문 문항에 대한 규제를 강화해야 한다는 생뚱맞은 주장이 나오기도 했다. 외부 규제나 입법 이전에 조사기관을 중심으로 한 자정 노력이 우선되어야 한다.

국내 유수 조사기관 네 곳이 격주로 공동 진행해 발표하고 있는 전국지표조사는 그런 점에서 모범을 보여야 하지만, 가끔 그렇지 못한 경우가 있다. 26일 발표한 전국지표조사 리포트 108호2023년 10월 4주 조사에 포함된 다음 두 가지 질문에 대해 문제를 제기하고자 한다.

첫째, 물가 수준에 대한 부담 여부를 묻는 질문에 대해서다. '매우 부담이 된다' 46%, '부담이 되는 편이다' 47%를 합쳐 우리 국민 93%가 부담을 느낀다고 답했다. 물가 수준은 누구나 또 언제나 부담을 느낄 수밖에 없지 않을까. 마치 급여 만족도처럼 말이다. 실제로 2022년 4월 92%, 10월 94%, 2023년 4월

94%였다.

물가 수준 부담에 대한 '강한 긍정매우 부담된다'과 '약한 긍정부담되는 편' 비율 추세 파악이란 용도에 공감한다. 그러나 특정 응답 항목에 90% 이상 응답자가 몰리는 경우는 대개 질문이 잘못 만들어졌거나 의도되었을 가능성이 있다. 오해 소지를 없애기 위해 조심할 필요가 있다.

참고로 생성형 인공지능 ChatGPT는 '하나의 응답 항목에 90% 이상 응답자가 몰리는 경우를 어떻게 생각하는가'라는 질문에 대해 다음 6가지 문제점을 지적하고 있다.

1. 질문 설계 잘못으로 인한 데이터 다양성 및 변화 부족.

2. 데이터를 통해 얻을 수 있는 통찰력 제한.

3. 최종 결과의 편향 및 오도 가능성.

4. 타당성 및 신뢰성 등 데이터 품질 저하.

5. 데이터의 진실 여부와 관련한 해석 어려움.

6. 의미 있는 결정이나 권고 사항 제시 어려움.

둘째, 금리 인상 여부에 대한 질문이다. '한국은행에선 작년부터 올해까지 기준금리를 일곱 차례 연속 인상하였으나 최근 2월부터 여섯 차례에 걸쳐 기준금리를 동결하였습니다. ○○님께선 향후 기준금리가 인상되어야 한다고 생각하십니까, 혹은 동결 또는 인하되어야 한다고 생각하십니까?'

우선 위 질문에 대해 어떤 느낌이 드는가. 잘 모르겠지만, 금리 인상이 좋은 게 아닌 거 같은데, 작년에 7번이나 인상했고, 올해 들어 6번 동결했다. 그럼 앞으로 어떻게 해야 할까? "고마해라. 마이 무따 아이가" 느낌이지 않을까.

응답 결과는 '인상되어야 한다' 20%, '동결되어야 한다' 33%, '인하되어야 한다' 40%였다. 지난 4월 조사에서도 각각 16%, 39%, 38%였다. 어떤 응답 결과든 가능하고 또 받아들여야 하지만, 질문 느낌 때문에 특정 응답이 실제보다 부풀려지는 일이 없도록 유의해야 할 것이다.

질문지 작성을 '예술'이라고 말하는 학자가 있다. 어떻게 물어야 맞고 틀리는 건지 정답이 있을 수 없다는 얘기일 것이다. 전국지표조사 질문 문항이 틀렸다는 게 아니다. 다른 방식으로 한번 생각해 보자는 제안으로 받아들였으면 좋겠다.

전국지표조사는 2023년 10월 23~25일 휴대전화 가상번호를 이용해 1,006명을 층화추출해 전화면접방식으로 실시된 것이다. 95% 신뢰수준에서 최대허용 표집오차 ±3.1%p, 응답률은 14.6%였다.

총선 지지 후보 결정했습니까

2024년 4월 치러질 총선에 얼마나 관심이 있는가. 지지할 후보는 결정했는가. 늘 그랬듯이 정치권에선 진작부터 관심이 많았지만, 일반 국민들은 무심하기 짝이 없다. 정치권을 비롯해 언론과 조사기관만 애가 탈 뿐이다.

최근 동아일보가 리서치앤리서치에 의뢰해 총선 D-300일 특집 여론조사를 실시 보도했다. 지난 6월 9일부터 사흘 동안 서울 경기 인천 등 수도권 유권자를 대상으로 말이다. 수도권 승패가 총선 전체 판세를 좌우하기 때문에 관심을 끌 만한 조사였다.

그런데 여러 문항 중 2개 질문에 대한 응답 결과가 좀 이상하단 느낌을 받았다. 한번 비교해 보기 바란다. 동일한 내용을 묻는 것인지 아니면 다소 상이한 내용을 묻는 건지 말이다. 참고로 두 문항은 하나의 질문지 내에서 연이어 물어보고 있는 내용이다.

첫 번째는 '내년 국회의원 선거에 투표할 후보를 결정하셨습니까, 결정하지 못하셨습니까'라는 질문이고, 이어서 두 번째는 '내년 4월에 있을 국회의원 선거 때 OO님께서 사시는 지역구 국회의원은 어느 정당 후보에게 투표하시겠습니까'라는 질문이다.

응답 결과는 다음과 같다. 첫 번째 문항의 경우 '결정했다' 21.9%, '결정하지 못했다' 63.9%였다. 두 번째 문항은 민주당 후보 35.1%, 국민의힘 후보 30.8%였다. '지지 후보 없음' 2.5%, '결정하지 못했다' 18.4%, '모르겠다' 8.3%를 포함해 지지 유보층은 29.2%였다.

상당수 응답자가 투표 후보를 결정하지 못했다는 첫 번째 문항과 해당 비율만큼의 응답자가 민주당 및 국민의힘 후보에게 투표하겠다는 두 번째 문항 간 응답 모순을 어떻게 받아들여야 할까. 총선 지지 후보 미결정자 비율은 63.9%일까, 아니면 18.4%일까.

질문 워딩이 명백히 다르고 각 문항의 맥락 역시 다르다는 점을 인정한다. 그러나 문항을 설계하는 조사기관의 이른바 전문가라는 사람들이 질문의 의미나 맥락을 충분히 검토했는지 의문이 든다. 익숙한 질문 문항을 관행적으로 사용하다 '여론조사의 함정'에 빠진 게 아닌지 궁금하다.

응답 항목에 따라 응답자들의 반응이 달라진다는 점을 늘 감안해야 한다. 그럼에도 일반 유권자들은 앞선 두 질문이 동일한 내용을 묻고 있다는 사실에 더 주목하고 또 의아해 할 것이다. 동일 질문에 대해 전혀 다른 응답 결과가 나온 걸 납득하기가 쉽지 않다. 어떻게 설명해야 할까.

핵 개발 필요 대 핵무기 보유,
아 다르고 어 다르다

최종현학술원이 한국갤럽에 의뢰해 조사2022년 11월 28일~12월 16일 발표한 결과에 따르면, 한국의 독자적인 핵 개발 찬성 여론이 76.6%에 달했다고 한다. 보수 성향의 정치권과 언론 등이 핵무장 여론 고조에 대해 반색하는 거 같았다. 예전에 비해 그런 여론이 높아졌다고 말이다.

그러나 이번 조사는 예전과 다른 방식으로 진행됐기 때문에 직접적인 비교 판단이 곤란하다. 또한 시간과 비용을 많이 들여야 하는 가정 방문에 의한 일대일 개별면접으로 이루어졌다는 특징이 있다. 가정 방문은 한때 가장 신뢰할 만한 자료수집방식이었지만, 지금은 개인의 프라이버시 및 접근 가능성 측면에서 비용 대비 효과가 상대적으로 낮은 것으로 평가되고 있다.

최근의 자료수집은 대개 전화에 의존하고 있다. 한국갤럽의 예전 조사, 즉 '핵무기를 보유해야 한다'는 응답이 60%였다는 2017년 9월 조사 역시 전화면접에 의한 것이었다. 전화와 직접 대면은 서로 상이한 자료수집방식이고, 모드Mode 효과가 명백히 존재하는 것으로 알려져 있다.

질문도 다르다. 최종현학술원-한국갤럽 조사에선 '한반도 주변의 여러 상황을 고려했을 때, 귀하는 한국의 독자적 핵 개발이 필요하다고 생각하십니까'라고 물었고, 응답 항목은 평소의 한국갤럽답지 않게 4점 척도를 사용했다. '매우 그렇다' 15.9%, '어느 정도 그렇다' 60.7%를 합쳐서 76.6%가 필요하다고 답했다. 소숫점 이하 첫째 자리까지 수치를 표기한 것도 한국갤럽 리포트와 다른 점이다.

2017년 9월 한국갤럽 조사의 질문은 '귀하는 우리도 핵무기를 보유해야 한다는 주장에 대해 찬성하십니까 반대하십니까'였다. 응답 항목은 찬성과 반대 2개 뿐이었다. 찬성 60%, 반대 35%, 모름/응답거절 4%였다.

최종현학술원 조사의 질문, 즉 '독자적' 핵 개발이 필요하다는 것은 외세에 의존하지 않기 때문에 상대적으로 좋아 보인다. 핵 보유에 비해 완화된 표현이라 긍정적으로 답변하기에 부담도 적다. 우리도 핵 무기를 보유해야 한다는 강한 표현에 비해서 말이다.

또 조사에서 사용된 4점 척도의 약한 긍정, 즉 '어느 정도 그렇다'는 답변은 어중간하거나 애매한보통이다, 중간이다, 반반이다, 이것도 저것도 아니다 그리고 잘 모르겠다거나 대답하기 귀찮다는 반응까지 흡수하는 역할을 하기도 한다.

미국의 소리VOA 보도에 따르면, 한국에서 자체 핵 개발이 필요하다는 여론이 높아지는 가운데 미국 정부가 이런 여론에 압박을 받고 있다고 분석했다. 최종현학술원-한국갤럽 조사에 기반해 그런 여론이 높아졌다는 데 대해 개인적으로 동의하고 싶지 않다.

한자교육 필요할까요

    서베이 혹은 여론조사는 그 과정의 처음부터 끝까지 오차를 줄이기 위한 방법을 고민하고 연구해야 한다. 그런데 일반인들은 수많은 오차 중 표본추출 과정에서 생기는 것만 알고 있을 뿐이다. 조사 결과를 보도할 때 표본선정 과정에서 발생하는 오차만 밝히기 때문이다.

    소위 비표본오차가 어느 정도 발생하는지에 대해선 알 수도 없고 계산할 수도 없다. 그중 대표적인 게 질문지, 즉 질문과 응답 과정에서 발생하는 오차다. 가장 최근에 발표된 한국갤럽 데일리 오피니언에 포함된 질문 중에서 오차 발생 여지가 있는 경우를 살펴봤다.

    데일리 오피니언 514호2022년 10월 1주에는 한글날 관련 질문이 포함돼 있다. 먼저, 이해할 수 없는 건 '한자를 모를 경우 생활 불편 여부'46% 대 51%, '한글 한자 혼용 대 한글 전용'44% 대 48% 응답이 오차범위 내에서 차이가 없는데 반해, 초중등 교육과정에서 한자 교육이 필요하다78%는 응답이 생각보다 높았다는 점이다.

그래서 이런 결과를 토대로 "당장 불편함 없고 한글만 쓰더라도 기본 한자는 알아야 한다"는 갤럽 리포트의 결론은 너무 지나치거나 거친 일반화란 생각이 든다. 한자를 모를 경우 불편하다는 응답이 적지 않았고 한글 한자 혼용 의견도 상당했으며, 더구나 질문 문항 어디에도 '기본 한자를 알아야 한다'는 내용이 포함되지 않았기 때문이다.

특히 문제 삼고 싶은 건 마지막, 즉 응답자 78%가 초중등 교육 과정에서 한자 교육의 필요성을 인정하고 있는 질문이다. 왜 이런 결과가 나왔는지 알 길이 없지만, 다음 두 가지 방향으로 그 원인에 대해 생각해 봤다.

우선 질문지 구조와 관련해 동화 효과가 나타난 것 같다. 선행 문항의 영향으로 인해 이후 제시된 문항의 응답이 앞선 문항과 유사해지는 현상 말이다. '한자 모를 경우 생활의 불편 여부', '한글 한자 혼용 대 한글 전용' 등의 선행 질문에 응답하면서 새삼스럽게 학습이 이루어졌고 한자 교육의 필요성이 떠올려졌을 것으로 보인다.

또 하나는 남의 불행을 보았을 때 기쁨을 느끼는, 즉 고통과 기쁨을 뜻하는 독일어 합성어 '샤덴프로이데'Schadenfreude 심리가 작용했을 가능성이다. 초중등 교육 과정에서의 한자 교육은 설사 실행되더라도 18세 이상의 응답자 본인에겐 전혀 부담이 없다. 자녀나 손자 입장에선 추가 학습의 부담이나 고통이 따르겠지만 하나라도 더 배워서 나쁠 게 없다는 생각을 했을 수도 있다.

데일리 오피니언 515호2022년 10월 2주 질문 중엔 북한의 탄도 미사일 발사 실험이 한반도 평화에 위협이 되는지 여부를 묻고 있다. 위협이 된다는 답변이 71%, 그렇지 않다는 응답이 24%였다.

잊을 만하면 재발하고 있는 북한의 미사일 발사 실험은 한반도 평화를 위협하기 위한 목적일 것이다. 그런 목적이 없다면 적지 않은 비용이 소모되는 미사일을 발사할 이유가 없지 않겠는가.

사회적 바람직성을 묻는 질문의 전형에 가깝다. 언제 어떤 방식으로 묻더라도 위협이 된다는 반응이 많을 거다. 정도의 차이는 있겠지만 말이다. 이보다 더 높은 응답이 나오지 않은 게 오히려 이상한 것으로 보인다.

여기서 사례로 제시한 한국갤럽 질문에 결정적 하자가 있다는 건 아니다. 알다시피 기본적 지침은 제공할 수 있지만 질문지를 잘 만드는 절대적 기준이나 법칙은 없다. 연구자 혹은 조사자에 따라, 조사목적에 따라 질문지에 대한 질적 평가가 달라진다. 동일 질문 문항을 놓고도 서로 생각이 다르거나 다양한 의견을 피력할 수 있다. 그런 의견 중 하나로 받아들여 주기 바란다.

제 4 장

여론조사 보도

심심하고 지루한 여론조사 '반전'은 없다

대통령 지지율 악재와 휴가

《한국의 여론 조사, 실태와 한계 그리고 미래》에 따르면, 여론 조사를 통해 측정되고 있는 대통령 지지율은 국정 수행에 대한 객관적 평가라기보다 정치적 지지 여부에 가깝다고 한다. '실질적 잣대'라는 느낌보다 '명목적 이미지' 비중이 더 우세하다는 거다.

그럼에도 대통령 지지율에 민감한 건 집권 세력의 권력 크기를 말해주기 때문이다. 여야가 모든 역량을 동원해 지지율 밀어 올리기 혹은 끌어내리기에 골몰하고 있는 이유이기도 하다. 역대 대통령들도 그랬지만, 지지율이 높으면 정부 여당의 정책 주도력이 강해지는 반면, 낮으면 국정 추진력이 위축되기도 한다.

장모 구속, 잼버리 파행 등 여러 악재에도 불구하고 윤석열 대통령 지지율이 큰 변화가 없거나 오히려 높아졌단다. 소위 전문가들의 의견이 분분하다. 어떤 신문에선 세 가지 이유가 있다고 했다. 첫째, 총선을 앞두고 진영 논리가 강화되고 있기 때문. 둘째, 민주당의 부정적 이슈가 악재를 희석했기 때문. 셋째, 휴가철이라

젊은 층이 표집에서 이탈했기 때문이란다.

늘 그렇듯이 그들의 무궁무진한 상상력은 인과관계와 무관하다. 악재에도 불구하고 대통령 지지율이 끄떡없는 건 휴가라는 변수 때문이란다. "여론조사 결과에 휴가가 영향을 준다는 것을 새삼 알게 되었다"거나 "휴가철엔 악재에도 불구하고 지지율이 높게 나오는 튀는 결과가 나오기 때문에 여론조사를 하지 않는 것이 상례"라고 했다.

대통령 지지율에 영향을 미치는 요인 속엔 온갖 호재와 악재가 뒤섞여 있다. 어떤 요인이 더 강하게 영향을 미쳤는지 아무도 알 수 없다. 게다가 동일 요인이 호재인지 악재인지도 불분명하다. 가령, 대통령 해외 순방은 어떤가. 소위 전문가들에 따르면, 순방 이후 지지율이 오르면 호재, 내리면 악재로 둔갑한다.

대통령 휴가는 또 어떤가. 온갖 악재에도 불구하고 지지율이 그대로이거나 올랐기 때문에 호재라는 게 전문가들의 분석이다. 만약 지지율이 떨어졌다면 휴가로 인한 부재중이었기 때문에 악재라는 건가. 대통령 휴가까지 고려해서 국정 운영 여부를 평가하는 응답자가 과연 얼마나 될까.

조사 결과에 끼워 맞추는 식의 해석이나 상상력이 전문가 및 정치평론가들의 고유 영역이고 특권인 건 인정한다. 그러나 인과관계 대신 상관관계 등을 고려하는 최소한의 분석이 수반되어야 하지 않을까. 가령, 역대 대통령 지지율에 악재 및 휴가가 어떤 영향을 미쳤는지 비교 분석하는 정도 말이다.

대통령 해외 순방과 지지율 인과관계

　윤석열 대통령의 해외 순방 '설화'와 맞물려 한국갤럽이 정기적으로 발표하는 데일리 오피니언 512호2022년 9월 20~22일 결과가 여러 언론을 통해 인용 보도되고 있다. 대다수 언론의 평상적인 관례에 따라 상관관계를 인과관계로 잘못 파악한 보도에 예외가 없고, 그런 보도를 하게끔 한국갤럽이란 우리나라 대표 조사기관이 방치하고 있거나 심지어 조장하고 있다.

　한국갤럽은 "부정 평가 이유 중에는 영빈관 신축 계획 철회 논란과 영국 여왕 조문 취소 등 정상 외교 일선에서의 처신이 두드러졌다"고 분석했다. 이어 "윤 대통령 취임 후 두 번의 해외 순방은 직무 평가에 플러스가 되지 못했다"며 "이는 지지율이 반등했던 전임 대통령들의 취임 첫해 외국 방문 때와는 다른 양상"이라고 밝혔다.

　중앙SUNDAY2022년 9월 24일도 그런 경우다. 대통령 해외 순방과 직무 평가의 관계를 인과적으로 규정하고 있다. 한국갤럽의 분석 자료에 기반해 윤 대통령의 경우 해외 순방이 직무 평가에 부정적으로 영향을 끼친 반면, 전임 대통령들은 긍정적인 영향을 미쳤다는 거다.

대통령의 직무 평가라는 종속결과 변수에 영향을 미치는 요인, 즉 독립원인 변수는 매우 다양하다. 어떤 변수가 결정적으로, 또 어느 정도 영향을 미치고 있는지 파악하기 위해선 회귀분석과 같은 통계적 자료 처리가 뒷받침되어야 한다. 그렇지 않으면, 만약 직무에 대한 평가가 높아지더라도 그것이 해외 순방 때문이라는 어처구니 없는 보도를 목격해야 할지 모른다.

상관관계와 인과관계는 엄밀히 구분되어야 한다. 간단히 말하면, 인과관계는 세 가지 요건을 갖추어야 한다. 두 변인 간의 상관, 시간적 선후 그리고 허위적 관계가 아니라는 사실. 해외 순방에 따라 직무 평가가 달라질 수 있고즉 높아질 수도 낮아질 수도 있다, 또 해외 순방이 직무 평가보다 시간적으로 우선하는 건 사실이다.

문제는 해외 순방과 직무 평가라는 지지율이 허위적 관계가 아니라는 사실을 입증해야 한다는 거다. 제3의 변수요인가 두 변수의 관계를 설명하고 있을 경우엔 기존의 두 변수 관계가 허위라는 거다. 가령, 남녀, 연령, 지지 정당과 같은 변수에 따라 해외 순방 평가와 지지율이 각각 달리 나타난다는 사실이 통계적으로 밝혀지면 해외 순방과 지지율은 허위적 관계로 판명된다.

상관관계를 인과관계로 착각하고 있는 유명한 사례 하나를 소개하고자 한다. 음울한 배역을 주로 맡았던 미국의 영화배우 니콜라스 케이지의 한 해 영화 출연 수와 수영장 익사자 수가 거의 비슷한 추세를 보여주고 있다. 만약 우리 언론이 이 자료를 입수했다면 어떻게 보도할까. 여름철 익사자 수를 줄이기 위해 니콜라스 케이지의 영화 출연을 막아야 한다고?

아무 언론의 '아무 노래' 여론조사 보도

2020년 지코가 발표한 '아무 노래'는 근래 최고 중 하나로 손꼽히고 있는 힙합 트랙으로 연예인을 포함해 많은 이들에게 챌린지 신드롬을 불러일으켰던 히트곡이다. 쉽고 반복적인 가사와 멜로디가 특히 인상적이다. "아무 노래 아무 노래 아무 노래나 틀어봐", "아무 노래나 일단 틀어. 아무거나 신나는 걸로. 아무렇게나 춤춰. 아무렇지 않아 보이게"

국내 언론이 윤 대통령 지지율을 다루는 솜씨가 '아무 시리즈'에 걸맞다. 상관관계를 인과관계로 간주해 아무거나 지지율 상승 및 하락 요인으로 가져와서 아무렇게나 끼워 맞춰 보도하고 있다. 가령, "해외 순방에도 불구하고 지지율이 하락했다"거나 "도어스테핑을 중단했음에도 지지율이 상승했다"는 식이다.

대통령 해외 순방과 도어스테핑 중단은 지지율 하락 요인일까, 상승 요인일까. 국내 아무 언론에 의하면, 그게 어떤 것이든 지지율이 내리면 하락 요인이고, 지지율이 오르면 상승 요인으로 간주한다. 사후 해석에 기초해 아무 노래 스타일의 기사가 얼마든지 가능하다. 가령, 미처 예상치 못했던 해외 순방 성과 때문에 지지율이 상승했다거나, 도어스테핑에 불만을 가졌던 중도층이 지지 쪽으로 선회했다는 식으로 말이다.

설마 '조용한 사직'이란 유행이 아무 언론에게까지 퍼진 건 아닐 것이다. 필요 이상의 일을 하지 않겠다는 MZ세대 사고나 의식 말이다. 동일 혹은 비슷한 주제에 대한 과거 정부 때의 조사를 살펴보면 지지율 상승 및 하락 요인을 사전에 선별할 수 있고 비교 분석도 가능할 텐데.

언제부터인가 신형철이란 문학평론가를 좋아하게 됐다.《몰락의 에티카》란 평론집에서 은희경 소설가를 다루고 있는데, "면도칼도 못 되는 소설들의 중구난방 속에서 오랜만에 느끼는 묵직한 통증에 경의를 표한다"고 쓰고 있다.

여론조사 보도 분야에서도 은희경처럼, "칼이 아닌 척하는 칼이어서 베이고 있는 줄도 모른 채 깊이 베이는" 예리한 칼잡이의 출현을 기대해 본다. 그게 가당치 않다면, 면도칼에 살짝 베이는 가벼운 통증이라도 느껴봤으면 좋겠다.

여론조사 보도의 종말

2022년엔 큰 선거가 두 번, 즉 대통령선거3월 9일와 지방선거6월 1일가 있었고, 무분별한 남발을 걱정할 정도로 수많은 여론조사 보도가 있었다. 그런데 이들 보도 중 우수 보도 사례를 발굴해 시상하고자 했지만, 수상작을 선정하지 못한 것으로 밝혀졌다.

10월 18일 중앙선관위 산하 여심위에 따르면, 2022년 양대 선거 관련 여론조사 보도 우수 사례, 즉 수상작이 없다고 공지했다. 왜 이런 상황이 발생했을까.

우선, 여론조사 보도와 관련해 정부 쪽을 대변하는 여심위가 이번 공모를 얼마나 널리 알렸는지 궁금하다. 뉴스 검색에서 해당 내용을 전혀 찾아볼 수 없다. 그 결과 응모한 신청 건수가 매우 적었던 것으로 알려졌다.

정작 중요한 건 언론의 무지와 무관심이다. 어떻게 해야 선거 여론조사 보도를 잘할 수 있는지, 어떤 규정을 어떻게 준수해야 하는지 알고 있는 언론사와 기자가 얼마나 있을까. 언론 관계자 혹은 기자가 여론조사 보도와 관련한 학회 세미나에 참석한 경우를 거의 본 적이 없다. 여심위에 제출키로 되어 있는 선거여론조사 보도자료 역시 조사기관이 대신 챙기는 것으로 알고 있다.

여론조사 보도 관련 학계 쪽을 대변하는 한국조사연구학회에서도 매년 여론조사보도상을 수여하고 있다. 자료를 찾아보니 2021년은 MBC가 받았다. 그런데 여론조사가 아니라 '전세금 돌려주지 않는 나쁜 집주인들'을 보도한 기자들이 수상했다. 심층보도, 탐사보도에 해당하는 특집 기획이었다. 조사 범위를 광의로 해석하면 얼마든지 가능한 일이지만, 여론조사 보도에 한정할 경우 씁쓸한 결과로 볼 수 있다.

거칠게 말하면, 현재 한국 언론은 여론조사 보도와 관련해 우수 사례를 만들어낼 역량이 미미하다. 그런 역량을 갖출 의향이나 여유가 없기도 하고. 따라서 여론조사 보도상을 고수하는 대신 우수한 여론조사 보도를 발굴해 보도자료로 공표하거나, 최소한의 요건을 갖추지 못한 보도 모니터링 결과를 공개하는 등의 방식이 필요하다고 본다.

선거여론조사 보도 우수 수상작이 없다는 이유만으로 '여론조사 보도의 종말'을 언급하는 게 지나치다고 생각하는 사람이 있을 것이다. 그렇지 않다. 우수한 보도를 하기 위해선 양질의 여론조사가 전제되어야 하지만, 날이 갈수록 질적 저하가 가중되고 있다. 양질의 보도를 하고 싶어도 좋은 재료를 구하기 어렵다는 얘기다. 결국 우수한 '여론조사'를 가려내 탁월하게 '보도'하는 일이 불가능에 가깝다는 결론을 감수해야 한다.

심심하고 지루한 여론조사에
'반전'은 없다

연합뉴스를 비롯한 언론들이 한국갤럽 데일리 오피니언 535호2023년 3월 4주를 근거로 윤석열 대통령 지지율 변화에 대해 보도했다. 37%2월 4주에서 시작해 36%, 34%, 33%로 계속 하락하다가 이번에 1%p 올라 34%를 기록했다고. 한 달, 즉 4주 만에 반등했다거나 상승세로 전환했다고 했다.

용감한 보도에 감탄을 금할 수 없다. 새삼스럽지만, 오차범위를 고려하면 1%p 변화는 언급할 가치도 없다. '상승세 전환' 혹은 '반등'이라고 했는데, 지지율의 미래를 이렇게 섣불리 예측해도 되는지 모르겠다. 도대체 어떤 근거에 따른 것인가.

여론조사는 워낙 심심하고 지루한 특징을 가지고 있다. 갑작스런 사건 사고로 인해 커다란 수치 변화가 있을 수도 있지만, 그런 일은 좀처럼 일어나지 않는다. 대통령이든 정당이든 지지율이 드라마틱하게 오르내리는 경우를 본 적이 있는가. 그럼에도 간혹 그런 걸 기대하는 사람이 있다. 특히 정치권이나 언론에서 말이다.

예전 직장에서 그런 경험을 한 적이 있다. 특정 대통령 후보를 지지하는 상사가 좀체 지지율 반등이 나타나지 않자 갑갑함을 호소하면서 짜증을 내곤 했다. 늘 비슷하게 나오는 지지율 조사를 그만하라고 말이다. 특종 등 좀 더 자극적인 뉴스를 지향하는 저널리즘과 무미건조한 여론조사가 '태생적 불화'를 겪었던 사례 중 하나일 뿐이다.

한국갤럽 최근 리포트에 나타난 윤 대통령 지지율 그래프를 한번 보기 바란다. 어떤 분야든 미래 예측이 그렇지만, 지나간 추세를 살펴보면 특정 시점에서 상승 전환 혹은 반전이 일어났다고 분석할 수 있지만, 현 시점에선 향후 지지율 변화에 대해 함부로 전망할 수 없다. 밋밋하고 지루한 여론조사에서의 '반전' 기대는 차라리 접는 게 나을 것이다.

기자들이 응답한 대통령 지지율

기자협회보 보도에 따르면, 한국기자협회가 마크로밀엠브레인에 의뢰해 2022년 7월 29일부터 8월 7일까지 여론조사를 실시했다. 여러 조사 항목 중 가장 관심을 끄는 건 윤석열 대통령 국정수행 지지율이다. 응답한 기자 1,000명 중 윤 대통령 국정수행에 대한 긍정적 반응이 10.7%, 부정 응답이 85.4%였다. 대통령 지지율이 낮으면 낮을수록 주목 받는 상황에서 매우 '시의적절한' 결과가 나온 셈이다.

특정 계층 혹은 직업군에 대한 여론조사가 관심을 끄는 경우가 있다. 특히 선거 때 말이다. 가령, 이·미용실헤어숍, 택시기사, 자영업자 등이 그렇다. 동향 분석 및 여론 파급력 활용방안 등 직종별 전략을 짜는데 도움이 되기 때문이다. 여론조사와 함께 FGIFocus Group Interview 등 정성적 조사방식을 곁들이면 좀 더 정교한 전술까지 이끌어낼 수 있다.

그러나 기자들을 대상으로 한 이번 기자협회 여론조사는 그런 목적과 무관해 보인다. 좀 더 쇼킹한 뉴스, 즉 대통령 임기 초반의 지지율이 얼마나 낮게 나올 수 있는가를 보여주고 싶은 천박한 저널리즘에 봉사하기 위한 자료에 불과하다고 본다.

기자라는 직업군은 개략적인 공통 의견 추출에 적합한 여론조사방식을 통해 한두 마디로 특징을 가려내기 힘든 사람들의 집단이다. 물론 다른 직업들도 쉽지 않겠지만, 기자라는 직업군 종사자들은 매우 다양하고 이질적이기 때문에 그들을 대표하는 특성을 단일 수치로 표현하기가 만만치 않다. 신문과 방송, 잡지 외 각종 뉴미디어 등 분야별 구분 외에 연차별 직급별 성향별(?) 등 세부 구성마저 상당히 복잡하고 다층적이다.

그럼에도 이들 직업군에 공통 분모가 있지 않겠느냐고 반문할 수 있다. 그럴 수도 있을 것이다. 그렇다면 이번 여론조사에 참여한 기자들이 전체 기자들을 대표할 수 있는 표본이어야 한다. 기자협회보에 따르면, 모바일을 통해 20,816명에게 문자를 발송했고, 여기에 응답한 1,000명을 대상으로 조사 분석했다고 했다. 상대적으로 업무 부담이 적은 자발적 응답자들로 구성되어 있기 때문에 아예 대표성이 없다. 따라서 보도에 표기된 오차범위± 2.95%p 역시 아무런 의미가 없고.

그냥 재미 삼아 한번 해 본 여론조사도 아닌 조사였다. 술자리 안주거리가 될 수야 있겠지만, 유의미하게 받아들여야 할 건 아니라는 얘기다. 그럼에도 기자협회보를 비롯해 적지 않은 매체에서 제법 크게 다루고 있다. 그냥 수치만 있으면 그게 어떤 것이든 쓰고 본다는 것인지…. 도대체 무슨 생각으로 기사를 작성하는 건지 알 수가 없다.

불현듯 예전 여론조사가 생각난다. 3김 시대 이후 정치인을 '선배'라고 부르는 기자들을 대상으로 한 차기 대선후보 여론조사에서 늘 1위를 기록했던 정치인이 있었다. 손학규라는 분이었다. 여론조사를 통해 대통령 만들기가 가능하다고 호언장담했던 시기였고, 실제로 그런 사례가 회자되던 시대였음에도 불구하고 손학규의 실패는 반복됐고, 그럼에도 기자들은 계속해서 손학규를 1위로 꼽았더랬다.

나름의 엘리트 의식으로 똘똘 뭉쳐있던, 지금도 그럴 것으로 추정되는 기자 직업군의 세상에 대한 의견과 여론이 겨우 그 정도였다. 대표성을 갖추더라도 변변치 못한 게 기자들의 식견인데, 최소한의 기본 요건도 충족시키지 못한 이번 한국기자협회-마크로밀엠브레인 조사 결과는 엉터리 혹은 쓰레기로 분류해도 무방할 것이다.

강서구청장 보궐선거 황색 저널리즘

　　강서구청장 보궐선거가 민주당 진교훈 후보의 승리로 끝났다. 찌라시를 엿보고자 하는 대중 심리에 부응하기 위한 분석 기사들이 난무하고 있다. '예고된 참패', '보궐선거 여파로 윤-국민의힘 지지율 동반 하락'이란 제목에다 최종 득표율과 유사한 퍼센트를 찾기 위한 노력이 보기에 딱할 정도다.

　　첫째, 이번 선거 결과가 사전에 예고되었을까. 중앙선거여론조사심의위에 등록된 강서구청장 보궐선거 여론조사는 모두 7건이었다. 여론조사꽃을 제외할 경우 투표일에 가장 가깝게 실시된 건 뉴스피릿-리얼미터 여론조사2023년 9월 18~19일, 803명였다.

　　민주당 진교훈 후보가 44.6%로 국민의힘 김태우 후보37.0%를 7.6%p 앞선 것으로 나타났다. 그러나 실제 득표율에선 17.1%p 격차를 보였다. 패배가 점쳐지긴 했지만, 참패 수준으로 예상된 건 아니었다.

　　사족이지만… 당선자 기준이 아니라 1위 후보 지지율, 1~2위 후보 지지율 격차 등을 기준으로 할 경우 뉴스피릿-리얼미터 여론조사가 틀린 건 아니지만 정확했다고 보기도 어렵다. 국민의힘 후보 참패라는 결과를 제대로 예고하지 못한 셈이니까 말이다.

둘째, 보궐선거 결과 때문에 대통령과 국민의힘 지지율이 하락했을까. 상관관계는 모르겠지만, 인과관계를 장담할 수 있는 건 아니다. 만약 그게 가능하다면, 혹시라도 대통령과 국민의힘 지지율이 상승했다면 보궐선거 때문이란 생뚱맞은 분석이 나올 수도 있을 것이다.

리얼미터2023년 10월 12~13일, 1,003명라는 특정 조사기관이 발표한 지지율에 한정해선 안 된다. 만약 이후 발표될 다른 조사기관의 여론조사에서 대통령과 국민의힘 지지율이 예전과 달리 나오면 또 어떤 분석이 나올까 두렵다. 보궐선거 때문이란 얘긴 못할 테고…. 대통령과 국민의힘이 보궐선거 이후 어수선한 상황을 잘 수습 혹은 극복했다고 보도할지 모르겠다.

셋째, 국민의힘-민주당 두 후보의 최종 득표율에 대한 아전인수식 해석이 가관이다. 무슨 근거로 온갖 수치를 갖다 붙이는지 당혹스럽기만 하다. 우선 선거 일주일 전에 실시된 리얼미터 여론조사2023년 10월 4~6일, 1,508명에 나타난 윤 대통령 국정수행 평가, 즉 긍정 37.7%, 부정 59.8%와 유사하다. 대통령 국정수행 부정 평가자는 모두 민주당 진 후보를, 긍정 평가자는 모두 국민의힘 김 후보를 찍었다는 얘기일까.

2012년 지방선거 이후 실시한 방송3사 출구조사 때의 진보+중도 비율과 유사하단다. 진보 22.4%, 중도 35.3%를 합쳐

57.7%는 진 후보 득표율56.5%과 비슷하고, 보수 37.5%는 김 후보 득표율39.4%과 비슷하다는 거다. 보수를 제외한 진보 중도 성향의 유권자들이 대동단결해 진 후보를 찍었다는 걸까.

미래 예측의 가장 중요한 원리 중 하나가 연속성이다. 그러나 과거는 참고일 뿐이다. 그대로만 된다면 누구나 정확한 예측을 할 수 있지 않을까. "여론조사 편향은 예측하기가 쉽지 않고, 이전 선거 경험이 무용할 수 있다"는 선거 예측 여론조사에 대한 네이트 실버의 조언을 다시 강조하고자 한다.

이태원 참사 여론조사 관전평

많은 언론사와 조사기관이 이태원 참사에 대한 여론조사를 실시했다. 공중파 텔레비전 3사 조사 결과에 따르면, 우리 국민 10명 중 7명가량이 부적절한 정부의 대응 및 잘못을 지적하고 있다. KBS-한국리서치 69.6%, MBC-코리아리서치 72.9%, SBS-넥스트리서치 69.1%.

이들 외에도 여러 언론사가 최근 이슈에 대한 여론조사를 실시했다. 윤석열 정부 출범 6개월, 이태원 참사 등 동일 이슈에 대해 다수의 언론사-조사기관이 동시에 조사를 실시했기 때문에 이들의 정치적 성향과 능력을 엿보거나 비교 검토할 수 있는 기회가 제공된다.

질문지가 좋은 판단 재료다. 일차적으로는 질문 내용과 언어 구사가 차별화 포인트다. 이태원 참사의 경우 관련 질문이 몇 개 포함되었는지 중요하다. 전화조사 문항이 워낙 한정되어 있기 때문이다. KBS와 MBC는 5개, SBS는 3개였다. 여론조사꽃에선 6개를 묻고 있고, 평소 여론조사를 자주 실시하는 한국갤럽도 6

개 문항을 포함시켰다.

개별 질문의 맥락도 살펴봐야 한다. 대규모 인명 피해 발생 사실을 포함하거나 행정안전부 장관의 어처구니 없는 언급을 강조해 부정 응답을 유도한 사례가 있다. 보수 성향의 인터넷 언론에선 정부 대응 및 책임 소재를 묻는 대신 정치 쟁점화 및 대통령의 조문 등 '물타기'를 시도한 경우도 있다.

방송 3사가 일제히 실시 공표한 것에서 알 수 있듯이, 최근 2주일2022년 11월 1~2주은 어떤 언론이든 여론조사 유혹을 받았을 시기였다. 윤 정부 출범 6개월 시점이었고, 이태원 참사를 둘러싼 여야 정쟁, 북한 미사일, 국정감사 등 이슈들이 넘쳐났기 때문이다.

그래서 여론조사 실시 여부를 통해 언론사의 정치적 성향을 미루어 짐작할 수 있다. 조중동을 비롯한 대다수 신문사들이 여론조사를 실시하지 않은 것으로 나타났다. 최근 2주 동안 중앙선거여론조사심의위원회에 등록된 여론조사는 모두 20건이었고, 신문사가 실시한 경우는 문화일보, 매일경제 등 2곳에 불과했다.

중앙일보 승리 대 한국갤럽 패배

여러 언론이 윤석열 대통령 취임 1주년 여론조사를 실시 보도했다. 중앙일보는 한국갤럽에 의뢰했는데, 지난 5월 7~8일 만 18세 이상 남녀 1,003명을 대상으로 했다고 한다.

조사 주제, 즉 질문 문항을 둘러싸고 의뢰자와 조사기관 간엔 적지 않은 갈등과 다툼이 불가피하다. 대개 의뢰자, 즉 언론 고객이 승리하는 것으로 귀결될 수밖에 없지만 말이다. 중앙선거여론조사심의위 홈페이지에 등록된 질문지를 살펴보면 그런 흔적이 역력하다. 두 가지 점에 대해서만 논의하고자 한다. 첫째, 사회적 바람직성 질문이 포함돼 결국 1면 톱을 장식했다. "'한·미·일 안보협력 찬성' 72.2% … [尹1년 중앙일보 여론조사]'가 그것이다. '한국 미국 일본 세 나라가 안보 협력을 강화하는 것'에 대해 질문한 결과 '매우 동의' 40.2%, '어느 정도 동의' 32.0%라는 수치를 얻었다.

전통적인 우방 국가들이 안보를 위해 협력하는 것은 당연하다. 늘 있었던 일이고 앞으로도 지속되어야 한다. 누구나 동의할 수밖에 없는 질문을 한 셈이다. 심각한 정치 양극화로 인해 부정적 답변, 즉 동의하지 않는다는 응답이 우리 국민 4명 중 1명가량23.4%에 달한 것이 오히려 이상하다.

둘째, 대통령 직무수행 평가 척도와 재질문에 대해서다. 한국갤럽은 다른 조사기관과 달리 2점 척도로 대통령 직무수행을 측정해왔다. 가장 최근 자체 조사에서 긍정 33% 대 부정 57% 였다. 4점 척도로 조사한 이번 조사에선 긍정 38.5%매우 잘하고 있다 16.7%, 잘하고 있는 편 21.7%, 부정 57.6%잘못하고 있는 편 19.1%, 매우 잘 못하고 있다 38.5%였다. 의도한 건 아니겠지만, 결과적으로 부정은 비슷한데, 긍정 평가가 5.5%p 높아졌다.

한국갤럽은 평소 1회 재질문을 통해 비본질적, 즉 '어느 쪽도 아니다', '잘 모르겠다'는 응답을 줄였다고 했다. 그러나 '모름/응답거절'이 2점 척도, 즉 한국갤럽 자체 조사에선 10%였는데 비해, 4점 척도, 즉 이번 중앙일보-한국갤럽 조사에선 왜 4%로 줄어들었는지에 대해 설명이 필요할 것이다.

한국갤럽이 정기적으로 발표하는 조사 결과 수치는 소수점 이하 표시가 없다. 가령, 긍정 33%, 부정 57%처럼 말이다. 그러나 이번 조사에선 소수점 이하 첫째 자리긍정 38.5%, 부정 57.6%까지 표기하고 있다. 그런 것쯤이야 의뢰자가 원하면 얼마든지 들어줄 수 있다는 것일까. 사회적 바람직성 질문, 응답 척도 변경 등 여전히 고객에게 패배하는 모습을 보는 거 같아 씁쓸하다.

늘 고객이 승리할 수밖에 없는 안타까운 현실 속에서 괜한 걱정이 하나 생겼다. 용역만 주면 얼마든지 패배해드리겠다는 조사기관이 언론사 앞에 장사진을 치는 건 아닌지 해서다.

60대가 테슬라 더 매수했다고요?

매일경제 2023년 3월 15일 보도에 따르면, 50~60대 고연령층이 20~30대 저연령층보다 서학개미의 최애 주식 테슬라를 더 공격적으로 매수했다고 한다. 키움증권 데이터랩이 2023년 1월 1일부터 2월 24일까지 분석한 자료를 인용했는데, 20대의 테슬라 순매수액 평균이 56만 원인데 비해 60대 이상은 255만 원에 이르렀다고 한다.

추가적인 자료 확인이 필요하겠지만, 다소 성급한 결론을 내리고 있는 것으로 보인다. 안정적인 투자 성향을 보여야 할 고연령층 투자자들이 공격적, 모험적 투자 성향을 지닐 것으로 예상되는 저연령층 투자자들과 반대 성향을 띠고 있는 것처럼 오해할 소지가 있기도 하고.

두 가지 점에서 그렇다.

첫째, 순매수액은 두 달 가까이 테슬라 주식을 매수/매도한 결과를 집계 평균한 것이다. 30대의 경우 매도 금액과 매수 금액이 거의 비슷해 순매수액이 1만 원으로 계산된 반면, 60대의 경우엔 매도에 비해 매수 금액이 많아져서 255만 원이란 순매수액이 나타난 것이다.

30대와 60대의 순매수액 평균에 차이가 나타난 건 시기적 요인, 즉 테슬라의 기업 가치 대비 최근 1~2개월 동안의 주가에 대한 시각 차이 때문일 수 있다. 60대의 경우 전략적 판단에 의해 일시적으로 순매수액 평균이 높아졌을 뿐이지 갑자기 공격적, 모험적 투자 성향으로 바뀌었다고 볼 순 없다. 마찬가지로 30대의 공격적 투자 성향이 사라진 게 아니라 해당 기간 동안 전략적으로 매수/매도 비중이 비슷했던 것이다.

둘째, 고연령층이 저연령층에 비해, 즉 나이가 많을수록 테슬라를 더 선호하는 것으로, 마치 인과관계가 있는 것처럼 가정하고 있다. 연령이란 독립변수와 테슬라 순매수액이란 종속변수가 인과관계로 성립하기 위해선 세 가지 요건상관, 시간적 선후, 비허위적 관계이 충족되어야 한다.

두 변수 간 상관 및 시간적 선후라는 두 가지 요건은 성립할 수 있지만, 세 번째 요건, 즉 비허위적 관계를 입증하긴 어렵다. 제3의 변수, 가령 투자금액 규모가 연령과 테슬라 순매수액에 각각 영향을 미칠 가능성이 있으며, 그럴 경우 기존 두 변수 간의 관계가 사라질 수 있다. 결국 50~60대 고연령층으로 갈수록 테슬라 순매수액이 높다는 인과관계가 성립할 수 없다는 얘기다.

ChatGPT 시대의 여론조사 보도

2023년 2월 현재 국민의힘과 더불어민주당의 지지율 추세는 다음과 같습니다. 한국갤럽이 2023년 1월에 발표한 여론조사 결과에 따르면, 더불어민주당의 지지율은 42%로 측정되어 국내 정당 중 가장 높은 지지율을 보이고 있습니다. 이에 반해 국민의힘은 29%로 측정되어 있습니다.

이전 여론조사 결과와 비교해보면, 더불어민주당은 일정 수준의 유지 또는 약간 상승하는 추세를 보이고 있지만, 국민의힘은 조금씩 하락하는 추세를 보이고 있습니다. 이는 최근 국민의힘 내부에서의 정책 논쟁이나 지도부 인사의 후보 선출 과정 등에 대한 부정적인 반응 등이 영향을 미친 것으로 분석되고 있습니다.

그러나 이 역시 여론조사 결과에 따라 변동이 있을 수 있으며, 정치적 상황과 다양한 사회적 요인에 따라 변화할 수 있습니다. 따라서 지속적인 여론조사 결과를 모니터링해야 정확한 추세를 알 수 있습니다.

ChatGPT에 대한 관심이 폭발하고 있다. 여러 분야에 걸쳐서 활용방안과 함께 한계점 및 오남용 사례가 소개되고 있다. 여론 조사 보도 분야라고 예외일 수 없다. 조만간 조사 결과 수치 혹은 테이블을 제공하면 웬만한 기사 작성이 가능하지 않을까.

우리나라의 경우 인공지능을 활용한 기사 작성이 2016년부터라고 한다. 증권에서부터 출발해 스포츠, 날씨 분야로 확장되었고, 뉴스 전문방송사에선 AI 앵커가 개발된 경우도 있다. 단순 수치 자료에 기반해 스트레이트 기사를 작성하는 건 기본이고, 새로운 기삿거리를 발굴 제공하기도 한단다.

결국 인공지능으로 대체하기 힘든 인간의 경쟁력 영역을 찾아내는 게 관건이다. 가령, 스트레이트 대신 박스형 심층 분석에 집중하는 식으로 말이다. 그렇지 않으면 저널리즘이 AI로 대체될 가능성 높은 여러 직업군 중 하나라는 사실이 확인될 수밖에 없다.

ChatGPT 시대엔 어떤 여론조사 보도가 가능할까. 시사적인 관심 주제에 대한 여론조사 결과수치를 수집 분석하는데 집중할 필요가 있다. 최신 ChatGPT 버전에선 2022년 자료 학습이 끝났다고 하지만, 현재는 2021년 데이터까지만 반영된다고 한다. 여론조사 보도가 그나마 위안 삼을 수 있는 영역이 아닐까 생각한다.

국민의힘 전당대회, 이재명 대표 수사, 튀르키예 지진 참사, 인플레이션, 코로나19 등을 다루고 있는 여론조사 결과를 모아서 심층적으로 분석할 수 있다면 ChatGPT가 넘볼 수 없는 차별화된 보도가 가능할 것이다. 이와 관련해선 미국의 비영리조사기관 퓨리서치센터를 참고할 수 있겠다.

　맨 앞의 인용 기사는 '국민의힘과 더불어민주당 지지율 추세를 비교하라'는 질문에 대한 ChatGPT의 응답 결과다. 언뜻 보면 그럴듯하지만, 객관적인 데이터부터 문제가 있다. 1월 이후 5회 실시 발표된 한국갤럽 조사에서 국민의힘 지지율은 33~37%, 민주당은 31~34% 사이를 오르내렸다. 가짜뉴스와 최근 이슈를 뒤섞어 두루뭉술한 결론을 제시하는데 그치고 있다.

　그럼에도 불구하고 인간 기자의 차별화된 경쟁력마저 무용해질 가능성이 얼마 남지 않은 걸로 보인다. 창의적인 통찰력 배양을 통해 저널리즘 본질에 다가가는 대신 지금처럼 온라인 조회수 증대를 위한 스트레이트성 감각적 기사 작성에 몰두한다면 말이다. 인공지능 분야의 기술발전 속도가 워낙 빠르고 활용 범위가 매우 넓고 깊기 때문이다.

제 **5** 장

결과 해석 및 기타

행간 사이 숨어 있는 민심을 찾아라

행간 사이 숨어 있는 민심을 찾아라

지난 2020년 총선 판세를 족집게처럼 맞힌 전문가가 "현재 분위기라면 국민의힘 170석, 민주당 120석"이란 예측 결과를 발표해 화제가 됐던 적이 있다. 정권 심판론의 한계, 이재명 대표 사법 리스크 등을 근거로 말이다. 반면 국민의힘 쪽에선 21대 총선 때의 121석 대 16석이란 수도권 참패 트라우마가 재연될 수 있다는 위기론이 여전히 논쟁의 불씨로 남아 있다.

어떤 예측이 맞는지 묻는 사람들이 부쩍 늘어났다. 현 시점에선 예측이 쉽지 않다. 선거 때까지 워낙 시간이 많이 남았기 때문이다. 여론조사의 한계도 고려해야 한다. 응답자가 전부 투표하러 가는 게 아니다. 지지 정당과 실제 투표할 정당이 반드시 일치하는 것도 아니고. 게다가 부동층 상당수가 포함되어 있다는 사실도 감안해야 한다.

그럼에도 여러 가지 질문과 분석을 통해 다양한 형태의 총선 예측이 이루어지고 있다. 그중에서 가장 널리 사용되고 있는 질문이 정당 지지도다. 수도권 위기론의 실체 여부도 결국 정당 지지도에 달려 있다. 문제는 조사방법이나 질문방식에 따라 그 결과가 매우 다르다는 것이다. 어떤 걸 믿어야 할지 또 어떻게 활용해야 할지 어려움이 적지 않다. 2023년 8월 한 달 동안 두 차례 이상 여론조사를 실시한 조사기관의 정당 지지도 평균치를 토대로 관련 이슈들을 검토했다.

ARS에서 높게 나오는 민주당 지지도

첫째, 전화면접과 ARS 간 지지도 격차. 전화면접방식에 기반한 한국갤럽 데일리 오피니언과 4개 조사기관 공동 전국지표조사 리포트에선 민주당이 각각 30%, 25%였고, 국민의힘은 34%, 33%였다. 이에 반해 ARS방식으로 조사한 5개 조사기관의 경우 민주당이 36~46%, 국민의힘이 36~38%였다. 국민의힘도 그렇지만, 특히 민주당 지지도가 ARS에서 상대적으로 높게 나타났다.

ARS방식의 자료수집에서 민주당 지지도가 높게 나타난 건 정치 고관여층의 적극적인 응답 때문이다. 무당층의 경우 반야당 정서도 일부 포함되어 있지만, 반여당 반정치적 정서가 강한 특징을 갖고 있다. 이들 무당층이 전화면접에선 31%와 35%인데 비해 ARS에선 13~21%로 낮게 나타난 것도 민주당 지지도가 상대적으로 높게 나타난 배경으로 볼 수 있다.

면접원 전화 통화와 ARS방식은 산출된 조사 결과가 다를 수밖에 없으므로 서로 비교해선 안 된다고 할 만큼 대비되는 자료수집방식이다. ARS는 나름의 장점을 가지고 있다. 시간과 비용이 상대적으로 적게 들고, 응답자들의 속마음 표출이 수월해 무당층이 적은 편이다. 면접원 때문에 생길 수 있는 편향을 제거할 수 있고, 보궐선거나 사회 현안 등 고관심층 대상 조사에 유리하다.

2023년 8월 조사기관별 정당 지지도 및 대통령 지지도 평균

(단위: %)

자료수집방식 및 질문 순서		조사 기관	의뢰처	정당 지지도					대통령 평가	
				민주	국힘	정의	기타	무당층	긍정	부정
전화 면접	대통령 - 정당 순	한국 갤럽 (4)	자체	30	34	4	2	31	34	57
		NBS (3)	자체	25	33	5	3	35	35	56
ARS		여론조사 공정 (2)	데일 리안	40	37	2	3	17	36	61
		에이스 리서치 (2)	뉴시스	36	38	2	4	21	40	59
	정당 - 대통령 순	리얼 미터 (2)	미디어 트리뷴	45	37	3	2	13	38	59
		조원씨앤 아이 (2)	스트레이트 뉴스	44	37	2	2	15	39	60
		알앤 써치 (5)	CBS- 노컷 뉴스	46	36	2	3	13	38	59

※ 8월 한 달 동안 최소 2회, 최대 5회 조사를 실시한 조사기관별로 정당 지지도 및 대통령 국정수행 평가 수치 각각을 평균한 것이며, 최종 수치는 사사오입 처리했음.(괄호 안은 조사 횟수)

그러나 총선 예측의 유효성을 고려할 경우 ARS의 단점에 특히 주목해야 한다. 응답 설득 등 조사자가 실사 프로세스를 통제할 수 없다는 점, 이로 인한 낮은 응답률, 정치 고관여층 비중이

높아 전체 유권자 대표성이 떨어진다. 총선에 대한 일반 국민의 관심이 정치권에 비해 턱없이 부족한 현재는 물론 점차 높아지고 있는 투표율로 인해 선거에 임박해서도 정치 중관여층까지 포용할 수 있는 전화면접방식에 더 높은 점수를 줄 수밖에 없다.

대통령에 앞서 정당 지지도부터 물어봤더니

둘째, 질문 순서 효과로 인한 민주당 지지도 차이. 정당 지지도를 대통령 지지도보다 먼저 물을 경우 민주당 지지율이 상대적으로 높게 나온다. ARS라는 동일한 방식으로 묻더라도 대통령-정당 순으로 물어보면 민주당 지지도가 36%에이스리서치, 40%여론조사공정인데 비해 정당-대통령 순으로 물을 경우 44~46%로 작게는 4%p, 많게는 10%p 차이가 있다.

어디까지나 추측에 불과하지만, 대통령 국정수행 지지도를 먼저 물을 경우 특히 야당 성향의 정치 고관여층 중 일부에서 응답 거절이 나타날 수 있다. 고관여층 일부가 빠졌기 때문에 상대적으로 민주당 지지도가 낮게 나타날 것이란 해석이다.

조사방법 측면에선 질문 문항 순서 효과가 작용했을 가능성이 있다. 이런 설명을 위해선 정당 지지도를 광의의 포괄적 개념으로, 대통령 지지도를 협의의 구체적 개념으로 상정해야 한다. 정당 지지도를 평가할 땐 대통령 국정 수행을 고려하지만, 대통령 지지도는 정당 지지 여부와 무관하게 평가할 것이란 가정이다.

가령, 결혼 만족도를 먼저 묻고 전반적인 만족도를 묻게 되면,

결혼을 포함한 전반적인 만족도로 응답하지 않고 결혼 이외의 측면에 대한 만족도를 묻는 것으로 간주해 응답한다는 얘기다. 결국 대통령 국정수행 평가 다음에 묻는 정당 지지도에선 각 정당 대표 및 정책 활동 등을 앞선 질문, 즉 대통령 지지도와 별개로 혹은 대비해 평가할 가능성이 있다는 것이다. 일부 응답자만 그럴 것이란 한계가 있겠지만 말이다.

지지율 추세, 투표 확실층, 무당층 분석

셋째, 총선 예측에 있어서 정당 지지도 효용성 제고. 정당 및 대통령 지지도, 정당 후보 지지도, 심판론과 견제론, 현역 교체 의향 등을 모두 동원하더라도 판세 예측이 어렵기는 매한가지다. 선거 당일 실시되는 출구조사도 매번 틀리니 말이다. 특정 질문의 유효성을 획기적으로 높이더라도 비례대표 의석 예측에만 한정 적용될 수 있을 뿐이다.

그럼에도 총선 전망의 유효성을 제고할 방법이 없는 건 아니다. 기본적으로 정당 지지도 등 관련 조사 결과에 대한 추이를 살펴야 한다. 특정 시기의 단편적 수치에 일희일비해선 안 되는 건 물론이다. 특정 정당 지지도 절대적 수치는 틀리거나 튈 수 있지만, 일정 기간의 지지율 추세는 엄연한 현실로 받아들여야 하기 때문이다.

투표 참여 의향 외에 사전투표 여부, 투표 예정 시간, 가족 동반 여부 등 추가 질문을 통해 적극 투표층을 정교하게 가려내는 작업도 필요하다. 전체 응답자보다 이들의 지지도가 실제에 더 가깝기 때문이다. 사전투표제에 힘입어 역대 총선 투표율이 점점 높아지고 있는 것도 감안해야 한다. 2012년 19대 총선 때의 54.2% 이후 58.0%2016년 20대, 66.2%2020년 21대로 높아지고 있다.

전화면접 기준 30%를 넘나드는 무당층에 대한 분석도 필요하다. 국회의원으로 대표되는 정치인들은 영향력 대비 신뢰가 낮은 편이고, 정당에 대한 호감도 역시 제한적이다. 상대적으로 반여당 반정치적 정서가 강한 무당층으로 인해 여당 지지도가 야당보다 앞서더라도 선거 득표율에서 그렇지 못한 현상이 초래되는 경우가 흔하다. 이런 점이 최근 국민의힘 쪽에서 나오고 있는 위기론의 근거일 수 있다.

무당층 분석과 관련해선 판별분석 등의 방식을 통하거나 무당층 규모가 작은 ARS조사 결과와의 계층별 비교를 통한 분석이 가능하다. 진보적 무당층, 보수적 무당층, 중도적 무당층, 정치 비관심 무당층 등으로 세분화한 한국갤럽 모델을 참고할 수도 있다. 각각의 구성비와 추이 변화를 통해 유불리 판단이 가능할 것이다.

정당 지지도 총합 측정치의 유효성

2023년 9월 3일 모 방송사가 '극과 극 여론조사, 왜'라는 제목으로 보도를 했다. 민주당 지지도가 한국갤럽은 32%2023년 8월 4주에서 27%2023년 8월 5주로 하락한 반면, 알앤써치에선 같은 기간 46.2%에서 50.0%로 상승한 사례를 제시했다. 동일 시기에 특정 정당 지지도 추세가 반대 방향이었을 뿐 아니라 그 결과로 나타난 지지도가 23%라는 현격한 차이를 보였다는 것이다.

'왜'라는 질문에 대해선 조사방법, 즉 결과가 서로 다를 수밖에 없는 전화면접과 ARS라는 자료수집방법 차이로 설명할 수 있다. 물론 비슷한 방식에서 조금씩 상이한 조사 결과가 존재하기 때문에 충분히 납득할 수 없겠지만 말이다. 또 다른 문제는 이처럼 달리 나타나는 수치를 어떻게 받아들이고 해석하느냐다.

널리 사용되고 있는 전화면접과 ARS 두 가지 방식의 장점을 접목해 실제 여론에 다가가기 위한 노력이 필요하다. 그런 점에서 단일 조사기관 대신 다양한 조사기관 수치를 합친 '총합 측정치'를 제안한다. 정당 지지도의 경우 아무리 정교한 방식을 동원하더라도 절대적 수치의 정확성을 확인하기가 쉽지 않다. 우리가 원하는 건 상대적 수치, 가령 민주당과 국민의힘 지지도 간격차 추정치다.

총합 측정치라고 해서 어려운 건 아니다. 두 조사에서 나온 지지도를 단순히 합산 평균하면 쉽게 만들어낼 수 있다. 이보다 정교한 측정치를 산출하고자 할 경우 중앙선거여론조사심의위 홈페이지에 나와 있는 여론조사 개요를 참고하면 된다. 표본 크기, 조사 시기, 응답률 등은 당장이라도 가중치 부여가 가능하다. 표본 크기 500명 대 1,000명, 일주일 전 조사 대 어제 조사, 응답률 5% 대 15%를 차별적으로 총합하자는 것이다.

민감한 문제이긴 하지만, 조사기관에 대한 정성적 평가와 ARS 대비 전화면접 가중치 배율도 반영해야 한다. 조사기관별

매출액과 직원 수, 업력 등 객관적 수치 외에 선거 예측 경험과 정확성 등 평가 요소가 적지 않다. 조사방법이론, 기왕의 분석 결과, 예측 경험 등을 토대로 전화면접과 ARS에 대한 잠정적 가중치 부여가 이루어져야 한다. 그래야 두 가지 방식의 장단점 및 유효성에 대한 추가적 연구가 풍부해질 것이다.

모두가 납득할 수 있는 해법은 없을 것이다. 현재로선 가중평균방식으로 구성한 지지도 총합 측정치 그리고 경쟁 정당과의 지지도 격차가 어떤 추세를 보여주고 있는지 추적 관리하는 것이 최선이라고 본다.

대의민주주의에서 여론조사 존재 이유

　국민이 직접 투표권을 행사하지 않고 대표자를 선출해 정부 및 의회를 구성하고 정책을 처리하는 대의민주주의 아래에서 굳이 여론조사가 필요한지에 대해 의문을 갖는 사람들이 있다. 오랜 기간 갤럽 리포트 편집장으로 활약했고 지금은 선임 연구위원으로 재직 중인 프랭크 뉴포트Frank Newport가 그럼에도 불구하고 여론조사가 존재해야 하는 6가지 이유를 소개하고 있다.

　첫째, 투표로 선출된 대표자가 해당 지역민 전체를 대표하는 데 한계가 있다. 광범위하면서도 세세한 의견을 충분히 반영하기도 쉽지 않다. 논쟁의 여지가 있겠지만, 국민의 생각을 알고 정책을 집행하는 것이 모르고 하는 것보다 더 낫다는 결론을 반박하기가 어렵다.

　둘째, 선거 때 투표하는 사람들은 전체 유권자보다 훨씬 적다. 여론조사는 투표자뿐 아니라 그렇지 않은 사람들의 견해도 수집 제공한다. 어떤 이유로든 투표를 하지 않거나 할 수 없는 수많은 국민의 의견이 무시되어선 안 될 것이다.

셋째, 여론조사를 통해 정책 결정권자에게 지혜와 통찰력을 제공할 수 있다. 방대한 경험은 정부 및 관련 단체의 정책 결정과 집행에 귀중한 지침이 되기도 한다. 여론이 궁극적이고 구속력 있는 권위라는 점을 감안할 때 우리 곁에 늘 존재하는 영역이어야 한다.

넷째, 선출된 대표가 정책 우선순위를 조정하는 데 도움을 줄 수 있다. 로비스트, 부유한 기부자, 정치 관련 위원회, 당 대표, 이데올로기 등의 막강한 영향력을 고려할 때 특히 그렇다. 각종 현안을 둘러싼 이해관계자들의 불협화음 속에서 보통 사람들이 무엇을 가장 우려하고 있는지 알려주기도 한다.

다섯째, 다른 사람들이 생각하고 느끼는 것을 알 수 있다. 이데올로기적 또는 당파적 관점에 치우친 미디어가 송출하는 '정보 거품' 속에서 선택적 미디어를 통해 보고 듣는 것이 일반적인 사람들의 생각 방식임을 고려하면 특히 그렇다. 타인의 생각에 대한 사실 여부를 객관적으로 평가할 수 있는 최상의 메커니즘을 여론조사가 제공할 수 있다.

여섯째, 여론에 대해 함부로 주장을 펼치는 사람을 검증하는 데 도움이 된다. 부적절하거나 편향된, 혹은 오해의 소지가 있는 정보에 근거하여 대중의 생각을 알고 있다고 주장하는 사람들이 적지 않다. 여론조사는 이런 주장의 진실성을 평가하는 도구로 사용될 수 있다.

* Gallup Poll 2023년 4월 21일에 실린 'Six Reasons Polling is Valuable in a Representative Democracy' 내용에 필자의 생각을 곁들여 요약 정리한 것입니다.

한국조사협회 '선언',
전화면접 대 ARS 문제 아니다

한국조사협회KORA가 10월 23일 전화면접으로만 정치선거 여론조사를 하겠다는 보도자료를 배포해 화제가 되고 있다. 이례적으로 이를 보도한 기사가 50여 개에 달했다. 녹음된 기계음을 불특정 다수에게 대량 전송해 조사하는 자동응답시스템방식은 비과학적일 뿐 아니라 여론조작에 활용될 수 있기에 배제하겠다는 것이다.

그러나 실제 현장에선 한국조사협회 '선언'이 무색할 정도로 ARS 활용이 압도적이다. 특히 여의도 정치권에서 그렇다. 내년 총선 관련 여론조사는 말할 것도 없고. 낮은 응답률, 제멋대로의 응답 등 몇몇 한계에도 불구하고 적은 비용으로 자주 할 수 있어서 추세 파악이 수월하고, 정치 쟁점이나 선거에 관심 많은 유권자를 겨냥할 수도 있다.

전화면접은 상대적으로 조사방법 기본에 충실한 편이다. 높은 응답률도 그렇지만, 엄격한 조사설계와 표집틀에 따라 조사자가 응답자를 선정하고 조사를 주도해야 한다는 입장이다. 정치 고관여층 중심의 자발적 응답자 위주의 조사는 아무나에 의해 아무렇게나 실행될 가능성이 높고, 표본을 통한 여론조사의 대표성 훼손이 불가피하다고 본다.

결국 전화면접과 ARS 중 어떤 방법이 더 정확하고 신뢰할 수 있을까에 초점이 맞추어질 수밖에 없다. 불행히도 평소 여론조사에선 확인할 길이 없다. 모집단, 즉 응답자 전체에 대한 결과를 모르기 때문이다. 선거를 실시해야만 정확성과 신뢰성 평가가 가능하다. 가령, 최근의 강서구청장 보궐선거처럼 최종 득표율이란 결과가 있어야 한다.

참고로 중앙선거관리위원회 산하 선거여론조사심의위원회가 2017년 대한정치학회에 의뢰한 '유무선 전화 비율 등 바람직한 여론조사방법에 관한 연구' 보고서에 따르면, 2017년 대통령선거 여론조사의 경우 ARS에 비해 전화면접이 더 정확하고 신뢰할 수 있다는 근거가 발견되지 않았다고 한다.

정치선거 여론조사의 문제점은 자료수집방법을 넘어서고 있다. 전화면접 대 ARS 문제가 아니란 얘기다. '사실 여부는 관심 없다, 여론 만드는 여론조사'는 2022년 말 어떤 신문의 특집기사 제목이었다. 여론을 만들어서 영향력을 미치고자 하는 데 여론조사가 이용되고 있으며, 정파성이 강한 저질 가짜뉴스라도 상관없다는 인식이 팽배해 있다.

이번 조사협회 선언을 계기로 새로운 규제 입법이 만들어지는 것에 대해선 반대 입장이다. 전화면접은 물론 ARS 역시 나름의 특징과 쓰임새가 있다. 이미 설치되어 있는 중앙선거여론조사심의위를 통해 감독 및 규제가 가능하다고 본다. 다만 별도의 상이한 기준을 마련해 전화면접과 ARS를 분리해서 관리하는 것이 어떨까 싶다.

자신이 이미 알고 있는 것, 나아가 이런 결과여야 한다는 당위론에 배치되는 여론조사는 뭔가 문제라는 인식이 팽배해 있다. 과학적인 방식을 통해 진실에 가까이 가는 것보다 자신의 입맛에 맞는 결과를 원하는 상황에선 여론조사 문제점이 개선되더라도 이에 대한 논란이 무한 재생될 수밖에 없을 것이란 암울한 전망이 가능하다.

그런 점에서 한국조사협회장의 기대와 달리 정치 선거 여론조사의 신뢰성 제고가 가능할지 회의적이다. ARS 근절 의지만 하더라도 이번이 처음은 아니다. 향후 조정 여지를 남겼지만, 가령 휴대전화 가상번호방식에서 10% 이상, 전화번호 임의걸기 방식에서 7% 이상을 달성하겠다는 응답률도 사실은 협조율이다. 그마저 조사 환경 악화로 하락할 가능성이 높다.

이번 한국조사협회 선언이 전화면접 대 ARS 구도로 가는 건 바람직하지 않다. 각자의 문제점을 개선하기 위한 노력은 물론 서로 긴밀히 협조하는 방안이 우선되어야 한다. 조사 환경 악화에다 여론조사 규제를 위한 새로운 입법 시도에 머리를 맞대고 함께 맞서야 하기 때문이다.

윤 정부 가치 = 우리 사회 보편적 가치?

우리 사회에 국민 대다수가 동의할 수 있는 보편적 가치 유무를 묻는 조사가 실시됐다. 케이스탯이 자체 패널 1,028명을 대상으로 2023년 9월 1~3일 조사한 결과에 따르면, '보편적 가치가 있다'고 답한 응답자가 56%에 달했다.

그런데 한 가지 궁금한 게 있다. 국민 대다수가 동의할 수 있는 보편적 가치로 무엇을 떠올려 응답했을까. 민주주의, 자본주의, 자유주의. 그럴 수도 있고 그렇지 않을 수도 있다. 질문을 통해 확인한 적이 없기 때문이다.

케이스탯 쪽에선 윤석열 대통령이 평소 강조하고 있는 국정 운영 가치를 국민 대다수가 동의할 수 있는 보편적 가치로 상정하고 있다. 가령, 내치 부분에선 '공정 상식', 외치 부분에선 '자유 인권 법치'. 응답자들에게 따로 물어보거나 확인하지 않은 채 윤 정부의 국정 운영 기조를 국민 대다수가 동의할 수 있는 보편적 가치로 보고 있다는 판단이 어떻게 가능한지 묻고 싶다.

케이스탯 리포트에선 2021년 9월 이후 동일 질문에 대한 6

개월에 한 번씩 5회 조사 결과, 즉 우리 사회 보편적 가치 유무 추이를 첨부하고 있다. 우리 사회 보편적 가치가 있다는 응답은 56%에서 53%, 50%, 47%로 하락하다가 이번 조사에서 56%로 올랐고, 없다는 응답은 44%에서 47%, 50%, 53%로 상승하다가 이번에 44%로 떨어졌단다.

캐이스탯의 해석을 납득하기가 쉽지 않다. "내림세를 보인 우리 사회에 '보편적 가치가 있다'는 응답이 2년 만에 상승세로 전환"했다면서 "작년 5월 현 정부 출범 당시와 비교해 국민들에게 어느 정도 각인된 것으로 보인다"고 했다.

윤 정부 가치를 우리 사회 보편적 가치로 간주하는 것도 이해할 수 없지만, 보편적 가치 유무에 대한 응답 반전에 대해서도 왜 이 시기인가에 대한 설명이 미흡하다. 사족이긴 하지만, 그럼에도 관행적으로 실시된 계층별, 즉 성/연령별, 지역별, 이념별, 직업별, 이익중시별 분석은 어떤 의미가 있을까 의문이다.

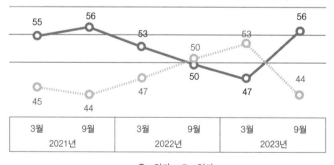

우리 사회 '보편적 가치' 유무 추이 : 국민 전체

(자료 : 케이스탯 , 단위 : %)

제5장 결과 해석 및 기타

여론조사 응답 인센티브, 효과 미미할 듯

여론조사의 객관성과 신뢰성이 갈수록 낮아지고 있다. 가장 명확하게 보여주고 있는 지표가 응답률이다. 현재 가장 신뢰할 만한 표본추출틀인 무선전화 가상번호방식에서도 10%대 중후반에 그치고 있다. 2023년 7월 3~5일 실시된 전국지표조사 16.9%, 무선전화에서 가상번호방식으로 표집틀을 변경한 한국갤럽 데일리 오피니언 549호2023년 7월 1주 13.8%였다.

응답률 제고방안이 다양하게 모색되고 있다. 응답자에게 실효적인 인센티브를 제공하는 것도 포함해서다. 중앙선거여론조사심의위원회가 적극 나서고 있다. 응답 완료 시 모바일 쿠폰 등을 문자 메시지로 발송하자는 거다. 조사 의뢰자가 가상번호 구입 비용에다 응답 인센티브까지 감당할 것인지 장담할 수 없지만, 워낙 낮아지고 있는 응답률과 여론조사의 객관성 신뢰성 회복을 위해서란 명분이 앞서고 있다.

그러나 여론조사 응답 인센티브 효과에 대해 회의적인 결과가 나왔다. 메이저 조사기관 4곳이 2,005명을 대상으로 공동 실시한 전국지표조사에 의하면, 여론조사 참여 의향이 없다는 응답자 818명 중 응답 인센티브에도 불구하고 참여할 생각이 없다는 경우가 83%에 달했다. 인센티브 지급 시 여론조사에 참여하겠다는 응답은 13%에 불과했다.

인센티브 제공이 저연령층과 여성 응답률 제고에 효과가 있을 것이란 기대 역시 희망에 그쳤다. 30~40대에 비해 20대가 사례 지급에 대해 더 많은 관심을 보였지만 26% 수준이었고, 인센티브를 지급하면 여론조사에 참여하겠다는 여성이 14%로 남성11%과 큰 차이를 보여주지 않았다.

두 가지 해석이 가능할 것이다.

첫째, 여론조사에 대한 광범위한 불신으로 인해 참여 의향이 없는 사람에겐 인센티브 등 백약이 무효한 것 같다. 둘째, 질문에서 제시한 1,000원 상당의 사례비가 응답을 이끌어내기엔 미흡한 금액이 아닌가 하는 생각이다.

그나마 다행인 건 향후 여론조사 전화가 걸려 온다면 조사에 참여하겠다는 응답이 59%에 달했다는 점이다. 응답 인센티브와 무관하게 말이다. 일반 시민들의 적극적인 참여를 호소하고 있는 한국갤럽 데일리 오피니언 549호에 수록된 다음 내용으로 결론을 대신한다.

정확한 조사와 공정한 여론 수렴은 조사회사의 노력, 언론의 신중한 접근, 시민의 적극적인 참여가 공존해야 가능한 일입니다. 흔히 선거를 민주주의의 근간이라고 합니다. 그러나 선거는 몇 년에 한 번 있을 뿐입니다. 평상시 다양한 현안 조사에 참여하는 것은 투표 못

지않게 시민의 의견을 표출할 수 있는 기회란 인식이 널리 알려지
길 바랍니다.

여론조사기관 실력 드러날까

여론조사 관련 학계와 업계를 비롯한 이해관계자들이 오랜 기간 주장해왔던 법안이 드디어 빛을 보게 되었다. 중앙선거관리위원회가 선거 여론조사 공표·보도 금지 기간 폐지 등의 내용을 골자로 한 공직선거법 개정 의견을 2023년 1월 17일 국회에 제출했다고 한다.

그동안은 선거일 7일 이전까지의 여론조사 결과만 공표 보도할 수 있었기 때문에 선거 막판 판세가 어떻게 변화하고 있는지 알 수 없었다. 정치인 등 일부 사람들만 공유할 수 있는, 즉 출처 불명의 지지율 수치가 떠돌아다니면서 소위 '깜깜이' 선거를 조장한다는 비판이 있었다.

현행 공직선거법 아래에선 투표일의 선거 결과를 전망해야 하는 언론사特히 신문사-여론조사기관이 예측 실패로 인한 부담에서 상대적으로 자유로울 수 있었다. 선거일 7일 이전까지의 여론조사를 최종 결과로 보도하면 끝이니까. 예측에 실패하더라도 확실한 변명거리 하나가 있었던 셈이다.

만약 이번에 제출된 선관위 의견에 기초해 개정안이 마련 통과되면 그런 안전판이 사라진다. 투표일 하루 전까지 실시된 사전 여론조사를 통한 선거 예측이 불가피해지기 때문이다. 언론사-여론조사기관끼리의 예측 대결이 펼쳐질 수밖에 없다.방송사 출구조사와의 한판 대결이 펼쳐질 수도 있을 것이다 선거 여론조사의 정확성에 대한 엄밀한 평가가 가능해지고, 정확성 제고방안도 마련될 수 있을 거다.

개정안이 통과되더라도 선거 여론조사의 문제점 및 한계가 완전히 사라지는 건 아니다. 조사 결과 공표·보도 금지 기간 폐지라는 변명거리가 없어지면서 조사기관 혹은 조사방법 측면에서 '체계적 문제'가 도드라질 수 있다. 그래서 만약 예측 실패 사태가 벌어질 경우 그 원인을 규명하는데 한층 어려움을 겪을 수도 있다.

2019년 호주 총선 실패 사례에서 볼 수 있듯이 응답자 접촉 및 협조 문제로 인해 대표성 있는 표본선정이 어렵다는 '알 수 있는 미지'Known unknowns 외에 전문가들조차 그저 추정만 할 뿐인 '알 수 없는 미지'Unknown unknowns의 세계가 펼쳐질 수도 있다.

유권자의 판단 선택에 있어서도 혼란이 줄어들지 않을 거 같다. 여론조사 본래의 한계 때문이다. 대표성 있는 표본을 뽑고 엄격한 조사 절차를 밟았다고 하더라도 조사 결과는 오차범위 내의 추정 구간을 보여줄 뿐이다. 하나의 명확한 수치가 아니라 대략적인 지지율 범위를 판단 자료로 사용해야 한다.

부동층, 즉 '모름, 무응답'의 존재도 고려해야 한다. 투표일 하루 전에 조사를 실시하더라도 어떤 이유에서건 일정 비율의 부동층이 나타날 수밖에 없다. 이들의 성향에 대한 세밀한 분석이 뒷받침되지 않으면 막판 판세를 감안한 최종 선택에 여전히 어려움을 겪게 될 수 있다.

막판까지의 여론조사 결과를 알고 있다고 하더라도 유권자의 판단 선택에 어떻게 영향을 주는지 분명하지 않다. 밴드왜건 혹은 언더독 그리고 이 둘의 상호작용을 통한 상쇄에 이르기까지 국가에 따라 또 선거에 따라 상이한 효과가 있는 것으로 알고 있다. 공표·보도 금지가 유지되었던 한국 역시 마찬가지고. 개정안이 통과돼 이에 대한 연구와 논의가 본격적으로 이루어지길 기대한다.

여론조사 잘할 것 같은 업체

정부, 지자체, 공공기관 등은 여론조사 용역을 실시할 때 외부 전문가에게 업체 선정 평가를 맡기게 되어 있다. 사전에 평가 참여 인원의 3배수를 확보한 뒤 추첨으로 최종 평가자를 정하는 방식이다. 후보의 2/3는 탈락의 고배를 마셔야 한다. 평가위원으로 뽑힌 6~7명 정도가 용역 발주기관에 함께 모여 프레젠테이션 발표를 듣고 질의응답 과정을 거쳐 업체를 선정하게 된다.

가끔 이런 평가에 참여하면서 직면하는 두 가지 딜레마가 있다. 이름만 대면 누구나 알고 있는 소위 메이저급 조사기관과 처음 듣거나 한두 번 들어본 적이 있는 신생 조사기관 중 어느 쪽에 점수를 더 줘야 하는가에 대한 고민이 그것이다.

조사기관 이름을 보고 평가하는 건 아니지만 솔직히 말하면 선입견이 개입될 여지가 있다. 그런 점을 방지하기 위해 조사기관 이름과 이를 식별할 수 있는 정보를 숨기도록 조치하는 경우가 일반적이다. 조사연구계획서를 살펴보면 해당 과제에 대한 이해, 추진 계획 및 구체적인 방법 전략 등 과제 수행 능력이 조사기관 규모와 밀접히 연계되어 있는 걸 확인할 수 있다.

메이저급과 신생 조사기관의 장단점은 비교적 분명하다. 메이저급 조사기관을 선택해야 한다고 생각하는 사람들은 구성원들의 높은 자질과 물리적 인프라 외에 다양하고 풍부한 조사 경험 등을 꼽을 것이다. 반면 이들을 비판적으로 바라보는 전문가들은 상대적으로 금액이 낮은 용역의 경우 신입 혹은 낮은 직급 연구원들이 해당 프로젝트를 맡을 가능성이 있고, 메이저급 특유의 매너리즘이 작용할 가능성을 우려한다.

반면 신생 조사기관을 선택해야 한다고 생각하는 사람들은 이들 업체 대표 혹은 임원들이 대개 메이저급 조사기관의 경력과 경험을 소지하고 있다는 사실에 주목한다. 뿐만 아니라 이들 업체는 상대적으로 용역 프로젝트 수주가 적기 때문에 회사 전체의 역량을 쏟아부을 수 있다. 그러나 업력이 짧기 때문에 인력이나 물리적 시설, 조사 경험 등이 전반적으로 부족해 일정 수준의 위험을 감수해야 한다는 건 단점에 속한다.

또 다른 딜레마도 있다. 용역 추정금액5천만 원~1억 원 미만; 2천만 원~5천만 원에 따라 소기업 간 제한경쟁을 실시하게 되어 있는데, 메이저급 조사기관이 소기업 간 경쟁에 뛰어들고 있는 관행이 있다. 매출 규모가 작은 소기업끼리 경쟁하라는 취지가 분명히 있을 텐데 말이다. 모두 그런 것인지에 대해 확인한 건 아니지만 메이저급 조사기관들의 경우 페이퍼컴퍼니 형태의 자회사 명의로 입찰 경쟁에 참여하고 있다.

문제는 물리적으로 별도의 회사가 존재하지 않은 채 본사에 근무하면서 그들 인력 중 일부를 자회사 소속으로 분류할 뿐이란 거다. 게다가 프레젠테이션 때 본사 인프라를 공유하고 있고 그들의 경험을 프로젝트 실행 때 활용하겠다고 버젓이 밝히기도 한다. 결국 메이저급 조사기관들이 메이저급끼리의 경쟁은 물론 소기업 규모의 마이너급 경쟁에 참여하는 상황이 벌어지고 있는 셈이다.

어디까지나 필자의 경우에 한정해 말하면, 입찰 경쟁에 참여한 업체들의 조사연구계획서 내용 및 프레젠테이션 발표자의 '진정성'에 주목하는 편이다. 그런데 형식적 측면이 자꾸 눈에 들어오고 마음을 사로잡게 된다. 계획서 디자인이나 제본, 발표자의 스킬 말이다. 이런 것들은 메이저가 유리할 것이다. 그래서 비슷한 수준이면 마이너 쪽에 1점을 더 주곤 했다. 객관적 평가가 기본인데, 자격 미달 평가위원이었던 셈이다.

'여론조사꽃' 피울 수 있을까

방송인 김어준 씨가 '여론조사꽃'이란 조사기관을 설립하고 최근 중앙선거관리위원회 산하 선거여론조사심의위원회에 등록을 마친 것으로 알려졌다. 그는 "언론사와 정당, 기업 등 외부 의뢰를 일절 받지 않고 철저하게 독립된 여론조사기관을 설립할 것"이라고 언급한 바 있다.

여론조사기관이 여심위에 등록하기 위해선 전화조사 시스템과 분석 전문인력, 10회 이상의 여론조사 실적 또는 최근 1년 내 5천만 원 이상 매출 등 요건을 갖춰야 한다. 질문지와 조사 결과표 등의 공개 의무가 있지만, 대통령과 정당, 후보 지지도 등 선거 관련 조사 결과를 여론조사꽃 이름으로 외부에 공표할 수 있게 됐다.

현재 여심위에 등록된 여론조사기관은 모두 93개다. 문턱이 너무 낮아 영세업체가 난립하고 조사 품질이 떨어지고 있다는 지적이 나오고 있지만, 어쨌든 여론조사꽃도 이들과의 경쟁에 돌입한 셈이다. 물론 살아남을 가능성이 충분하지만, 김어준 대표 추종자들의 열렬한 호응과 멤버십 회원 가입에도 불구하고 몇 가지 위험 요인이 있다.

첫째, 정치적 편향성이다. 여론조사는 객관성과 중립성을 기반으로 하는 제품이다. 세부 단계별로 발생하는 수많은 오차 요인을 줄이는 것도 중요하지만, 특히 조사 주체가 정치적 중립성을 갖추어야 한다. 특정 조사기관 혹은 그 대표가 정치적 편향성 때문에 오해를 받거나 비즈니스에 나쁜 영향을 끼쳤던 선례가 적지 않다.

오랜 기간 특정 정파를 지지해 왔던 김어준 대표의 경우, 아무리 노력을 기울여도 편향성 논란에서 자유로울 수 없을 거다. 그래서 "특정 정파의 지지자 업체가 실시하는 여론조사에 대한 신뢰가 가능할지 의문"이란 얘기가 나오고 있고, "어차피 김어준이 '믿습니까'라고 하면 '믿습니다'라고 답할 사람들을 위한 여론조사일 것"이라고 우려하기도 한다.

논란의 여지가 없는 건 아니지만, 오래 전에 비슷한 사례가 있었다. 초창기 한국사회여론연구소KSOI가 그랬다. 창립 1주년 행사 때 당시 여당 대표를 비롯해 몇몇 국회의원까지 참석해 축하 인사를 건넸다. 10년, 20년을 내다보는 종합데이터분석업체로 성장하겠다는 비전을 내놨지만, 정치와 여론조사를 분리하지 않으면 어려울 것이라고 예상했던 기억이 있다.

둘째, 여론조사란 제품이 별로 매력적이거나 흥미롭지 않다. 정치 혹은 언론과 태생적 불화 관계다. 다이내믹하거나 화끈한 결과를 얻어내기가 쉽지 않다. 깜짝 놀랄 만큼 지지율이 변하는 경우는 거의 없다. 미미한 변화가 지겨울 정도로 반복될 뿐이다.

보통 사람들의 지극히 평범한 태도나 의견을 수렴하는 도구이기 때문이다.

일반인 혹은 지지자들의 흥미 유발을 위해 주문 생산하기도 쉽지 않다. 웬만하면 주문자의 의도를 간파할 수 있기 때문이다. 게다가 주문한 대로 결과가 나오지 않을 경우 이에 대한 통제도 어렵다. 자칫 무리한 요구가 조작 의혹으로 번질 수 있고, 회사의 신뢰도 저하를 초래할 수 있기 때문이다.

셋째, 다른 여론조사와의 차별화가 쉽지 않다. 기존 여론조사 기관과 비교해 더 나은 조사 결과를 만들어낼 수 있을까. 가령, 정기 여론조사만 하더라도 한국갤럽, 전국지표조사, 리얼미터 등이 오랜 기간 신뢰를 쌓아왔다. 발표 횟수가 적지만, 한국리서치, 케이스탯리서치 등에서도 정기적으로 조사 결과를 내놓고 있다.

외부, 즉 조사의뢰자 영향력에서의 철저한 독립이란 장점도 살리기가 만만치 않을 거다. 내부 인력의 지식과 경험 등 능력과 외부 자문단의 조언 등을 토대로 한 기획력으로 승부를 걸어야 하는데, 여론조사 업력이 훨씬 앞선 기존 업계와 학계에서도 늘 부족함과 한계를 느껴왔던 부분이다. 만약 놀랄 만한 기획력을 선보인다고 하더라도 다른 조사기관들이 가만히 있지 않을 테고.

오랜 기간 업력을 자랑하는 기존 여론조사 업체들의 반성과 분발이 필요했던 시점이 지나도 한참 지났다. 그래서 업계에 신선한 바람을 불러일으키겠다고 포부를 피력한, 게다가 새롭게 출범한 지 얼마 되지 않은 여론조사기관을 정치적 편향성이란 이유만으로 견제하거나 깎아내릴 생각은 전혀 없다. 탄탄한 재정적 뒷받침과 열렬 팬들의 성원에 힘입어 기존 업체들을 자극하고 선의의 경쟁에 나서주기를 기대한다.

"TBS 불공정", 김어준 때문일까

중앙일보 2022년 12월 29일자12면에 TBS교통방송 관련 기사가 실렸다. TBS가 마크로밀엠브레인에 의뢰해 직원 215명을 대상으로 실시한 '공정성 평가를 위한 내부조사' 자료였다. 공개를 전제로 진행했던 보고서를 라디오제작본부 등이 비공개로 막았는데, 이를 입수했다고 한다.

'TBS 직원 63%, 김어준의 뉴스공장, 중립적이지 않다'가 기사 제목. TBS 전체 콘텐츠의 공정성을 묻는 질문도 있지만불공정 53%, 타깃은 '김어준의 뉴스공장'이었다. 중립성 여부 외에 균형성과 사실성 측면에서도 각각 60%, 43%로 부정적 응답이 많았다고 한다.

개인적으로 김어준의 뉴스공장 프로를 청취한 적이 없다. 프로그램의 정파성에 대해 언급할 자격이 없고, 또 언급하고 싶지도 않다. 단지 여론조사 측면, 구체적으로 질문지에 대해서만 간략히 말씀드리고자 한다. 특정 언론사 콘텐츠의 공정성을 평가하기 위한 방법은 두 가지가 있다. 전체적으로 공정성을 묻는,

가령 'TBS에서 제공하는 방송 콘텐츠가 어느 정도 공정하냐'는 형태의 단일 질문을 통해서다. 조사에 따라 다르지만, 이런 질문이 더 유용하고 효과적인 측정치라고 주장하는 학자들이 있다.

또 다른 방법은 복합 측정치, 즉 여러 문항을 구성해 묻는 거다. TBS 내부의 여러 프로그램, 가령 김어준의 뉴스공장 등 여러 프로그램별로 공정성을 묻고 이를 합산하는 방식이다. 아니면 공정성을 구성하는 여러 차원, 가령 중립성 균형성 사실성 등을 물어서 이를 종합하는 방식도 있다.

이번 조사는 이도 저도 아닌 거 같다. TBS 전체 프로그램에서 차지하는 비중이나 상징성이 워낙 크기 때문에 김어준의 뉴스공장, 즉 개별 프로그램 콘텐츠에 대한 평가가 TBS 전체에 대한 그것과 유사할 거란 전제를 깔고 있다. 만약 그렇다면 '잘 나가는' 프로그램에 대한 내부 직원들의 질투나 시기가 반영돼 부정적 응답이 좀 더 늘어났을 수도 있을 것이다.

비공개하기로 했던 보고서가 어떻게 외부로 유출된 건지 모르겠지만, 결과적으로 이번 보고서는 내년 초로 예정된 김어준 퇴출에 봉사하는 자료로 활용될 거 같다. 비공개 자료를 입수 보도한 중앙일보의 활약도 기억되어야 할 테고.

생뚱맞지만 궁금한 게 하나 있다. 만약 중앙일보 내부 직원을 대상으로 중앙일보와 JTBC 콘텐츠에 대해 공정성 중립성 균형성 등을 평가하도록 하면 어떤 결과가 나올까. 김어준 퇴출 이후의 TBS를 포함해 어떤 언론이든 공정성 측면에서 긍정적 평가를 받기가 어렵지 않을까.

강서구청장 보궐선거 여론조사
'여론조사꽃' 활짝

선거를 3주일 앞두고 실시된 여론조사로 최종 득표율을 예측하는 건 쉽지 않은 일이다. 최종 득표율과 비슷한 결과를 얻었다고 하더라도 해당 여론조사가 정확했다고 판정하기도 애매하다. 선거 3주 전과 D-day 때의 판세가 동일하다고 가정하지 않는 한 말이다.

공표가 금지되는 선거 7일 이전에 실시된 여론조사는 조사 시점의 분위기를 파악하기 위한 것이다. 예측 용도가 아니고. 그러나 이를 접하는 사람들은 최종 득표율과 비교해 해당 여론조사의 정확성 여부를 판정하고자 한다. 그런 점에서 보면 김어준이 이끌고 있는 여론조사꽃은 강서구청장 보궐선거 결과에 미소를 띨 것으로 보인다.

중앙선거여론조사심의위원회에 등록된 강서구청장 보궐선거 여론조사는 모두 7건이다. 그중 여론조사꽃 자체 여론조사 2023년 9월 20~21일, 515명와 뉴스피릿-리얼미터 여론조사2023년 9월 18~19일, 803명 2개가 선거일과 가장 가까운 시기에 실시됐다. 선거 3주 전에 실시된 두 여론조사를 간략하게 비교 분석했다.

우선, 지지율 격차 측면에서 여론조사꽃이 리얼미터보다 정확했다. 민주당 진교훈 후보56.5%와 국민의힘 김태우 후보39.4% 득표율 격차는 17.1%p였다. 리얼미터에서 나타난 지지율 격차가 7.6%p진 후보 44.6%, 김 후보 37.0%인데 반해 여론조사꽃 지지율 격차진 후보 43.4%, 김 후보 27.4%는 16.0%p였다.

자료수집방법 측면에서 여론조사꽃이 나았던 것으로 판단된다. 여론조사꽃은 무선 가상번호 표집틀에 CATI 전화면접방식을 사용한데 비해 리얼미터는 유선RDD 표집틀에 ARS방식을 사용했다. 휴대폰 대 집전화, 가상번호 대 RDD, 전화면접 대 ARS라는 뚜렷하게 대비되는 차이를 보여주고 있다.

이로 인해 응답률에서 차이가 나타났고여론조사꽃 10.0%, 리얼미터 3.3%, '지지 후보 없음' 응답도 현격한 차이를 보였다. 여론조사꽃은 17.2%였는데 반해 리얼미터는 1.6%에 불과했다. '지지 후보 없음' 응답 차이만큼 리얼미터 조사에서 국민의힘 김 후보를 지지한다는 응답이 늘어난 셈이다. 전화면접 응답자 중 일부 '샤이Shy 보수'가 ARS에서 속마음을 드러낸 것으로 볼 수도 있다.

기타 후보에 대한 지지율에서도 차이가 있다. 여론조사꽃에선 5.7%였는데 비해 리얼미터에선 13.2%였다. 전화면접과 ARS 차이 때문으로 추정하지만, 분명하진 않다. 다만 리얼미터의 경우 저연령층에서 기타 후보에 대한 지지가 상대적으로 높게 나타났다.

여론조사에 나타난 주식 매수 신호

최근 여론조사에서 주식 매수 신호가 나타났다. 향후 주식 가격 전망에 대한 낙관적 전망과 비관적 전망 간 괴리가 크게 벌어졌고, 역사적으로 볼 때 이 시기가 매수 타이밍이었다는 경험에 근거한 것이다.

케이스탯 사회지표2023년 10월 19일에 따르면, 주식 가격이 '지금보다 오를 것'이란 응답이 8월 대비 6%p 하락한 반면24%→18%, '지금보다 내릴 것'이란 응답은 11%p 상승한 것으로 나타났다27%→38%. 지난 1월 27%p 이후 가장 높은 괴리율을 보여주고 있다.

주식시장이 연일 하락세다. 미국 국채금리 폭등, 달러 강세 충격에다 이스라엘-팔레스타인 전쟁으로 인한 유가 상승과 안전자산 선호 심리가 더해졌기 때문이다. 10월 18일엔 테슬라의 어닝 쇼크 소식까지 가세했다. 언제 바닥을 찍고 반등할 수 있을까.

전문가들조차 쉽게 합의에 이르지 못하고 있지만, 여론조사에서 힌트를 얻을 수 있다. 일반 대중의 심리를 지표로 활용할 수 있다는 얘기다. 가령, '경기가 나빠질 것' 혹은 '주가가 하락할 것'이란 전망이 최고조에 달했을 때 주식을 매수하고, 반대로 '경기가 좋아질 것' 혹은 '주가가 상승할 것'이란 전망이 최고조에 이르렀을 때 주식을 매도한다는 것이다.

유사한 여론조사와 매매 경험은 미국 갤럽과 미국 주가지수로 확인할 수 있다. 주식을 사야 한다는 응답이 높을 때 매도하고 팔아야 한다는 응답이 높을 때 매수하면 수익을 낼 수 있다는 것이다. 한국의 경우엔 한국갤럽의 매월 경기 전망 여론조사와 종합주가지수를 비교한 기사, 필자의 페이스북 2023년 5월 25일자 '여론조사의 새로운 쓸모'를 참고하기 바란다.

케이스탯리서치 조사는 2023년 10월 6~8일 자체 패널 중 할당추출방식으로 뽑은 1,016명을 대상으로 온라인 웹방식으로 진행했다. 무작위 추출을 가정할 경우 95% 신뢰수준에서 최대 허용 표집오차는 ±3.07%p다.

추신: 조언할 입장이 전혀 아니지만 혹시나 해서. 그렇다고 오늘 당장 매수하란 얘기가 아니다. 크게 벌어진 낙관-비관 간 괴리율이 언젠가 줄어들겠지만 더 벌어질 수도 있다. 지금부터 여유를 갖고 느긋하게 분할매수하는 게 방법일 것이다.

집값 등락 전망 따라 매매했다면

여론조사 결과로 나타난 집값 등락 전망을 활용할 경우 실제 매매 타이밍 포착에 도움이 될 것으로 기대한다. 이런 생각은 한국갤럽 데일리 오피니언 561호2023년 10월 3주에 포함된 부동산 집값 등락 전망과 한국부동산원의 종합주택 매매가격지수를 비교해서 얻어낸 것이다.

2020년 이후 조사 결과를 살펴보면, 향후 1년 동안 부동산 집값이 현재보다 오를 것이란 응답은 2020년 7월 61%였다. 반대로 현재보다 내릴 것이란 응답은 12%였다. 직전 시기였던 6월엔 오를 것 37%, 내릴 것 23%였다.

2021년 6월 매매가격지수 100을 기준으로 한 한국부동산원 그래프를 보면, 2019년 90.3부터 시작해 2020년 7월 92.7을 기록했고 그 이후 2021년 12월까지 계속 상승했음을 알 수 있다. 결과적으로 만약 '현재보다 오를 것'이란 응답이 갑자기 높게 나타난 시점에 부동산을 구입했다면 적절한 매수 타이밍을 잡은 셈이다.

매도 타이밍 역시 여론조사를 참고할 수 있다. 집값이 현재보다 내릴 것이란 응답은 2022년 4월 26%에서 6월 44%, 7월 60%로 가파르게 늘어났고, 반대로 현재보다 오를 것이란 응답은 같은 시기 40%, 27%, 18%로 줄어들고 있다. 한국부동산원 그래프를 보면 2022년 7월의 매매가격지수가 105로 꼭짓점 근처였단 사실을 확인할 수 있다.

여론조사 결과에 기반해 부동산 매매 타이밍을 잡는 건 무모한 일이다. 당연히 기존의 여러 데이터 및 정보를 활용해야 한다. 다만 여론조사를 참고할 수 있겠다는 생각을 했다. 상관관계를 비롯해 시계열 등 엄밀한 통계적 분석을 활용할 경우 매매 시기 포착이 가능할 것이다.

한국갤럽이 자체적으로 실시한 데일리 오피니언 조사는 2023년 10월 17~19일 무선전화 가상번호 무작위 추출을 통해 만 18세 이상 국민 1,000명을 대상으로 한 것이다. CATI 전화면접을 사용했고 95% 신뢰수준에서 최대허용 표집오차 ±3.1%p, 응답률은 14.2%였다.

'집값 떨어질 것',
지금이라도 팔아야 하나

최근의 집값 혹은 부동산 가격 내림세에 대한 반응은 둘로 구분되는 것으로 알려졌다. "많이 떨어져서 심각하다"와 "좀 더 떨어져야 한다"

여론조사기관들도 일반의 관심에 부응하고 있다. 한국갤럽 데일리 오피니언 520호2022년 11월 3주에선 앞으로 1년간 집값 전망을 묻고 있다. '내릴 것'이란 응답이 68%로 '오를 것'10%, '변함 없을 것'16%이란 반응을 압도하고 있다. 케이스탯리서치 2022년 12월 사회지표에 의하면, 향후 부동산 가격이 '내릴 것' 49%, '오를 것' 19%, '비슷할 것' 32%로 나타났다.

여론조사로 나타난 부동산 시세 전망, 즉 "앞으로 더 떨어질 것"이란 의견을 일반 국민들이 어떻게 받아들이고 있는지 궁금하다. 좀 더 하락할 가능성이 있기 때문에 지금이라도 파는 것이 손해를 줄이는 방법일까.

공인중개사나 경제 관련 전문가들은 많은 정보를 가지고 있을 테니 여론조사로 나타난 부동산 시세 전망이 참고 자료에 불과할 것이다. 그러나 일반인들은 여론조사로 나타난 수치에 대해 민감하게 반응할 가능성이 있다.

한국갤럽의 경우 향후 부동산 가격 전망에 대한 조사를 빈번하게 실시하고 있다. 상승 및 하락 전망을 가장 최근의 조사 및 10년 결과와 비교할 수 있으므로 수치 변화만으로도 의미가 있을 거다. 그러나 이런 전망은 미래에 대한 질문 응답이긴 하지만, 내용적으론 최근 몇 개월 집값 추이에 대한 회고 느낌이 강하다. 향후 부동산 시세에 대한 전망이 아닐 수 있다는 얘기다.

이런 전망 결과가 나왔으니 그 해석이나 대응은 각자 알아서 하라는 건 안일하거나 무책임하다고 본다. 조사 결과로 나타난 수치를 독립 선행 변수로 그리고 통계청이나 한국부동산원구 한국감정원, 주택 정보 사이트 등에서 발표하는 부동산 시세 변화를 종속 후행 변수로 삼아 상관관계를 살펴보는 것만으로도 나름의 대응책 마련이 가능할 것이다. 조사 결과를 따를 것인지 거스를 것인지 말이다.

월드컵 여론조사 예측 후기

　우리 국민 다수가 이번 카타르 월드컵에서 대한민국의 16강 진출 가능성을 높게 전망했다. 한국갤럽 조사에선 60%, 또 다른 조사기관 조사에선 66%. 놀랄 만한 예측 능력을 보여준 셈이다. 그럴 가능성이 낮을 거란 전문가들의 예측과 다르게 말이다.

　그러나 우리 국민들의 예측력이 늘 신통했던 건 아니다. 16강 진출이 좌절됐던 2006년 독일 월드컵 땐 우리 국민 94%, 2014년 브라질 월드컵 땐 81%가 16강에 진출할 것이라고 예상했다.

　부동산 및 주식에 대한 여론조사 예측은 어떨까. 한국갤럽 데일리 오피니언 520호2022년 11월 3주 향후 1년 간 집값 전망에 대해 '내릴 것' 68%, '오를 것' 10%, '변함 없을 것' 16%로 나타났다. 더 하락할 것이기 때문에 지금이라도 팔아야 할까. 이런 결과는 대개 최근의 부동산 시세 변동을 반영한, 즉 미래가 아니라 과거에 대한 응답일 뿐이다.

　미국 갤럽은 지금 주식을 살 때인가 아니면 팔 때인가에 대한 조사를 실시하고 있다. 여론조사 응답에 따라 주식을 사거나 팔

앉으면 손해를 봤을 거라고 했다. 만약 거꾸로, 즉 여론조사에서 살 때라고 했을 때 매도하고 팔 때라고 했을 때 매수했으면 수익을 냈을 거라고 말이다. 그렇다고 따라 하면 곤란하다. 매수/매도 추천이 아니며 손해가 나더라도 책임지지 않는다.

대통령 지지율이 다소 회복되고 있다고 한다. 화물연대 파업 대응을 비롯해 상승 요인이 늘어나고 있는데 비해 하락 요인이 줄어들고 있단다. 지지율 1% 오르내림에 촉각을 곤두세우고 있는 사람들은 여론조사 결과 발표 때마다 희비가 엇갈리겠지만, 우리 같은 사람들이야 여론조사 결과 혹은 여론조사로 집계된 예측에 대해 그저 그러려니 참고만 하는 게 좋다.

미래의 불확실성을 해소하고자 하는 각종 예측 기법 중 사람들에게 직접 물어보는 방식, 즉 여론조사가 엄연히 포함되어 있다. 그러나 오랜 예측 역사에서 나타났던 다양한 기법과 마찬가지로 여론조사 역시 상당한 한계를 보여주고 있다. 그래서 앨빈 토플러는 《미래의 충격》 서문에서 "진지한 미래학자는 예측에 목을 매지 않는다. 예측은 TV나 신문에서 볼 수 있는 심심풀이 점성술에서나 다룰 문제"라고 썼다.

이번 월드컵에서도 봤듯이 방송사 해설위원 등 내로라하는 국내외 전문가들조차 통제하기 힘든 변수로 인해 예측 실패를 거듭하고 있다. 우리 같은 일반인들이야 가까운 친구들과 치맥하면서 남은 월드컵 준결승전, 결승전 시청 계획 세우고, 주식 더 떨어지면 모아둔 용돈으로 저점 매수해야겠다고 '행복회로'를 돌리는 편이 더 낫다는 얘기다. 그래도 스코어 맞히기처럼 가벼운 내기를 하면 축구 시청으로 인한 흥미가 더해질 수 있지 않을까.

프로야구 우승팀,
예상은 예상일 뿐

프로야구를 사랑하고 기다리던 팬들의 계절이 돌아왔다. 한국갤럽이 2023년 3월 21~23일 우리 국민 1,001명을 대상으로 프로야구에 대한 여론조사를 실시했다. 좋아하는 구단과 선수, 프로야구 관심도 등에 대한 질문에 이어 올해 우승 예상팀을 묻고 있다. SSG랜더스가 9%로 가장 높았고, 두산베어스 5%, 삼성라이온즈와 기아타이거즈가 각각 4% 순이었다.

한국갤럽 자료에 의하면, 2010년 이후 우승팀은 삼성의 4회 연속2010~14년, 두산의 2회2015~16년 이래 지난 6년간은 연승팀이 없었다고 한다. 이처럼 절대 강자가 사라진 상황이라 어떤 구단을 우승 예상팀으로 꼽고 있는지 관심이 모아지고 있다.

여론조사를 통해 나타난 흥미로운 사실은 세 가지다.

첫째, 절대적 우위가 없어진 탓인지 우승 예상팀과 2~3위 예상팀 간 확률에 별다른 차이가 없다. 2022년만 하더라도 두산과 삼성이 각각 7%, 기아 5%, SSG, NC, KT가 각각 4%였다. 반면 '모름/무응답' 등 응답 유보층이 61%에 달했다.

둘째, 어쩌면 당연하겠지만, 지난해 우승팀을 올해 우승 예상 팀으로 꼽는 응답이 높았다. 2016년 두산이 우승했기에 2017년 우승 예상팀은 두산14%, 2017년 기아가 우승하자 2018년 우승 예상팀은 기아18%, 2019년 두산이 우승하자 2020년 우승 예상 팀은 두산17%, 2020년 NC가 우승하자 2021년 우승 예상팀은 NC9%로 나타났다.

셋째, 그러나 우승 예상팀이 실제로 우승한 경우가 없었다. 2017년 두산이 1위로 꼽혔지만 기아가 우승했고, 2018년 기아 로 예상했지만 SSG가 우승했다. 2020년엔 두산으로 예상했지 만 NC가 우승했고, 2021년엔 NC 대신 KT, 2022년엔 두산과 삼성이 1위 예상팀이었지만 SSG가 우승했다.

만약 최근의 이런 역사가 반복된다면 지난해 우승팀이자 올 해 1위 예상팀 SSG랜더스가 우승할 수 없다는 얘기다. 주식이나 부동산 등 다른 분야도 그렇지만, 예상은 예상일 뿐이다. 실제로 이루어지는 경우보다 그렇지 않을 때가 더 많은 거 같다.

'소년소녀가장' 한국갤럽

　한국갤럽조사연구소는 국내 여론조사기관 중 가장 높은 명성을 지니고 있지만, 매출액 순위가 예전만 못한 것으로 알고 있다. 한때 조사업계 선두주자가 치러야 할 패널티, 즉 과감한 투자 및 인재 교육개발, R&D 등을 주문하기도 했지만, 지금은 그런 요구를 하기가 애매한 상황이다.

　그런 한국갤럽이 오랜 기간 꾸준히 투자해 온 자랑거리가 하나 있다. 데일리 오피니언.발간 주기를 감안하면 '위클리 오피니언'이 맞을 것이다. 2012년에 시작한 주간 리포트는 1호부터 49호까지 '데일리 정치지표'라는 이름으로 발간되었다가 2013년 50호부터 지금의 제호로 바뀌어 10년째 이어오고 있다.

　여론조사에 대한 불신이 높아지고 있음에도 불구하고 조사에 대한 수요와 활용은 꾸준히 늘어나고 있다. 여론조사를 보고 읽는 능력, 즉 데이터 리터러시에 관한 가이드라인이 필수적이다. 관련 기초 지식, 이론적 개념, 조사 결과 분석과 해석, 보도 과정에서의 주의사항 및 오해 해소 등 누군가가 이를 맡아서 꾸준히 연구 교육하고 널리 전파해야 한다.

이런 일은 여론조사 연구자 및 학자들의 모임인 한국조사연구학회, 개별 조사업체들의 모임인 한국조사협회가 수행하는 것이 마땅하다. 그러나 두 단체 모두 그런 역할에 관심이 없거나 미미한 수준의 활동에 그치고 있다. 거칠게 말하면 한국갤럽이 데일리 오피니언을 통해 오랜 기간 그들의 역할을 상당 부분 대신해 왔다. 최근엔 케이스탯리서치, 한국리서치 등이 개별적으로 그리고 엠브레인퍼블릭, 코리아리서치 등 4개사가 공동으로 NBS를 정기적으로 발표하고 있다.

데일리 오피니언의 특장점은 세 가지로 요약할 수 있다.

첫째, 오랜 기간 우리 사회 여론의 흐름을 신뢰할 만한 방식으로 수렴 전달해 왔다. 대통령 국정수행 지지율, 정당 지지율 추이뿐 아니라 각종 시사 이슈 및 현안, 문화·스포츠·오락 등 다양한 분야에 대한 객관적 자료를 만들어 공표했고 이를 데이터베이스로 구축해 널리 활용할 수 있도록 했다.

둘째, 관련 기초 개념에서부터 조사 과정 및 결과 해석 시 주의사항에 이르기까지 여론조사 관련 반드시 알아야 할 점들을 사례와 함께 알기 쉽게 설명하고 있다. 95% 신뢰수준에서의 전체 및 하위 표본별 오차범위, 상대 표준오차 제시 등이 그렇다. 특히 50개 사례 미만의 하위 표본에 대한 추정치 미제시, 소수점 이하 첫째 자리에 대한 사사오입 표기 등은 굳은 의지 혹은 커다란 용기가 뒷받침되지 않으면 실행하기 어려웠을 거다.

셋째, 이처럼 의미 있는 일을 외부 스폰서 없이 자체 비용으로 조달했다. 주간 리포트를 막 시작했을 때로 기억한다. 고 박무익 회장께서 리포트 구입 의향을 타진했던 적이 있다. 공익적 성격의 장기 프로젝트 투자에 대한 부담이 적지 않았던 탓이었다. 조사 실행에 있어서 외부 간섭이나 편향 가능성을 배제한 채 객관적이고 중립적인 여론을 수렴하고, 조사방법 및 기법 개선에 몰입할 수 있었던 건 그런 부담을 기꺼이 감수했기에 가능했으리라 본다.

현재 수준에서도 모범이 될 만큼 훌륭한 리포트이지만, 개선해야 할 점이 없진 않다.

첫째, 질문 내용과 형식 측면이다. 내용적 측면에선 참신한 아이디어가 담긴 질문 개발, 사회적 바람직성 질문에 대한 대안 제시 등을 위해 노력해야 한다. 자칫 생뚱맞은 질문도 조심해야 한다. 가령, 519호2022년 11월 2주에 포함된 '군중 압착 사고 우려 정도', '군중 압착 사고 가능성 인식' 질문은 마치 손흥민 선수가 영국 프리미어리그 득점왕을 차지한 직후 '가장 좋아하는 스포츠운동선수'를 묻거나 연쇄살인마 검거 직후 사형제 부활 여부를 묻는 것과 비슷한 느낌을 받게 된다.

질문의 형식적 측면에선 디지털 시대에 걸맞는 그리고 응답자를 배려한 새로운 형식에 대한 고민과 반영이 필요하다고 본다. 이와 관련해선 《비트 바이 비트: 디지털 시대의 사회조사방법론》을 참고해도 좋다. 기존 질문지의 폐쇄적, 지루함, 삶으로부터 분리 대신 개방적이면서 흥미를 유발하고 응답자 삶에 밀착된 질문방식 연구와 고민을 주문하고 싶다.

둘째, 조사 결과에 대한 엄밀한 분석과 전문가적 해석으로 나아가야 한다. 제목으로 나와 있는 수치에 대한 반복적 언급, 하위 표본 간 격차에 대한 무리한 의미 부여, 상관관계를 인과관계로 착각 오인하는 과잉 해석 등은 표피적 분석에 그치고 있는 인터넷 매체나 마이너 조사기관의 몫으로 넘겨야 할 것이다. 조사 전문업체라면 결과 분석과 해석에 있어서 명확한 차별화 포인트를 가지고 있어야 하지 않겠는가.

셋째, 리포트를 활용한 교육 홍보가 절실하다. 요즘과 같은 시대에 데일리 오피니언과 같은 활자 매체를 굳이 찾아서 읽는 사람이 얼마나 될지 모르겠다. 리포트 담당자나 사내 연구원이 직접 출연 설명하는 시청각 교육 자료를 만들거나 유튜브 동영상 제작 등이 필요하다고 본다. 페이스북이나 블로그, X구 트위터, 인스타그램 등 각종 SNS를 활용한 교육 홍보도 괜찮을 거다. 개별 조사기관 입장에서 받아들이기 힘든 무리한 요구일까.